事例で
学ぶ

暗号資産・NFT・メタバース
の会計税務

Q&A70選

税理士 延平昌弥／山田誠一朗
髙橋健悟／藤原琢也
田村光裕／山中朋文

著

清文社

はじめに

　本書を執筆している６名は、いずれも独立して仕事をしている税理士で、2012年から月１回、集まって勉強会を実施しているメンバーです。その勉強会で2017年の春に仮想通貨（当時）をテーマに取り上げたことが、本書の前書である『事例で学ぶ ビットコインの会計・税務Q&A50選』を執筆する発端となりました。2017年は、仮想通貨元年とも言われた年で、仮想通貨を法律上初めて定義した資金決済法が４月に施行され、企業会計基準委員会（ASBJ）が、日本公認会計士協会から提言を受け、仮想通貨に関する会計基準の策定を目指して議論を開始し、まさに仮想通貨に関する日本の法整備が動き出した時期でした。

　2017年４月には、大手家電量販店のビックカメラが有楽町店及び新宿東口店でビットコイン決済を導入し、話題となりました。私も携帯にウォレットをダウンロードして、試しにビットコイン決済で延長コードを購入しました。六本木や新宿など都内の繁華街でも、ビットコイン決済ができるお店が次々を増え、仮想通貨が法定通貨と並んで決済通貨としての役割を果たすようになるのではという期待感がありました。そのため、前書では、ビジネスのさまざまな取引で仮想通貨が決済手段として機能することを想定したQ&Aを設定して執筆しました。その後、暗号資産が歩んだ経緯は決して平坦なものではなく、暗号資産取引所での相次ぐハッキング事件やICO（Initial Coin Offering）の異常な過熱ぶりと不正なプロジェクトの横行、その結果としての各国の規制の動きなど暗号資産に対する信頼が失墜し相場が急落する場面もありました。

　現在の暗号資産は、専ら投資対象として購入され、決済機能や資金調達などの面では、当初の期待を損なう状況になっていますが、暗号資産を可能にしているブロックチェーン技術を活用した新たな動きもあり、自治体による地域振興券のアプリ上での発行、管理や食品のトレーサビ

リティ、著作権の管理、証明など社会のさまざまな分野に広がっています。これらは、いずれも中央集権的な管理者を置かず、取引や権利等の真実性、唯一性を改ざんが非常に困難なプラットホーム上で可能にしているブロックチェーン技術の特性を生かしたものです。そしてこれらの証明は、ブロックチェーン上で発行されるトークンを介して行われます。

　ブロックチェーン技術を活用する際、ブロックチェーン上でトークンが発行、管理され、何らかの権利等を証票する機能を有します。トークンの定義には、狭義のものから広義のものまで定まったものがありませんが、トークンを広義に捉えると暗号資産もトークンの一種でその他、さまざまな役割のトークンが活用されています。2020年ごろから急速な成長を遂げたNFT（Non-Fungible Token）もトークンの一種であり、仮想現実であるメタバース内での参加者がイベントへの参加や自らの作品で個展と企画するなどさまざまな活動を可能にしているのもメタバースで流通するトークンがあるからです。矢野経済研究所の調査では、ブロックチェーンを活用したサービス市場は、2022年の266,700百万円から2025年には、724,760百万円まで拡大することが見込まれています。

　暗号資産を介した資金調達方法であるICOについては、一時の過熱ぶりから、その後、不正なICOプロジェクトが横行した結果、各国が規制強化に動き、現在では世界的に見てもほとんど実施されることは無くなりました。日本では実際にICOが行われた実績は、数件に留まっており、実態のないブームに終わってしまいましたが、現在、新たな動きとして金融商品取引法による法規制と合わせて、業界団体である一般社団法人日本STO協会による自主規制のもと、ICOに代わるトークンによる新たな資金調達方法としてセキュリティートークンを介した資金調達方法、STO（Security Token Offering）を健全に育成する動きがあります。

前書の改訂版『事例で学ぶ 暗号資産（仮想通貨）の会計・税務Q&A60選』を発刊してから4年、ブロックチェーン上でトークンを介したさまざまな新しいサービスが生まれています。新たなサービス、仕組みに対して新たな会計・税務の問題も生じ、法令が改正されたものもあり、課題として議論が始まっているものもあります。この4年間の動きを追いながら、取り扱う範囲を暗号資産から少し広げて、ブロックチェーン技術を活用したトークンを介したビジネスとしてのNFTやメタバースなどの会計・税務の動きを網羅しつつ、少し先の未来も想定し、今回、『事例で学ぶ 暗号資産・NFT・メタバースの会計税務Q&A70選』をあらためて刊行することにしました。

2023年12月

税理士　延平　昌弥

CONTENTS

第1章 技術による課税客体の変化と法整備

第1節 技術による課税客体の変化 ... 2

1. 課税客体の考え方 ... 2
2. 課税客体の変化 ... 3
3. メタバース（仮想世界）に帰属する個人 ... 4

第2節 ブロックチェーンのトークンを介したビジネス全般に関する法制度等の現状 ... 8

1. 資金決済法 ... 8
2. 金融商品取引法 ... 16
3. 税制における取扱い ... 18
4. 会計における取扱い ... 25

第2章 暗号資産の会計と税務

第1節 法人編 ... 32

- Q1 マイニング、ステーキング、レンディングによって暗号資産を獲得した ... 32
- Q2 売上の対価として暗号資産を受け取った ... 35
- Q3 販売所から購入した場合と取引所から購入した場合の違い ... 39
- Q4 法人が暗号資産の信用取引を行った ... 43

Q 5 法人が保有する暗号資産の期末評価方法 ······ 47

Q 6 仕入の対価を暗号資産で支払った ······ 54

Q 7 企業が給与をビットコインで支払った ······ 58

Q 8 法人が暗号資産で寄附を実施した ······ 61

Q 9 法人が暗号資産の貸付けを行った ······ 64

Q 10 法人が貸付金の送金手段として暗号資産を使用した ······ 68

Q 11 法人が代表者から暗号資産を借り受けた ······ 71

Q 12 ICO による資金調達の検討 ······ 75

Q 13 暗号資産払いの領収書に印紙は必要か ······ 81

Q 14 企業が保有する暗号資産に係る決算書の個別注記表への記載 ······ 83

第2節 │ 個人編 ······ 88

Q 15 投資目的で保有する暗号資産を売却した ······ 88

Q 16 ビットコインから分裂（分岐）したビットコインキャッシュを取引所（販売所）で売却した ······ 92

Q 17 暗号資産に対する情報照会等の規定整備 ······ 94

Q 18 投資目的で保有するビットコインに含み益（含み損）がある ······ 97

Q 19 投資目的で保有する暗号資産の証拠金取引で売却益がある ······ 99

Q 20 イーサリアムを取引所から自身のウォレット（または他の取引所）へ移動した ······ 102

Q 21 飲食店の代金を暗号資産で支払った ······ 105

Q 22 暗号資産で海外の賃貸用不動産を購入した ······ 107

Q 23 暗号資産の評価方法の届出と評価方法を変更する場合の手続き ······ 110

Q 24 個人が保有するビットコインがハッキングによって盗難にあった ······ 116

Q 25 会社員が賞与を暗号資産で受け取った ······ 119

Q 26 暗号資産の取得価額が不明な場合の取扱い ······ 121

Q 27 複数の取引所でビットコインを取引した場合の取得原価の計算 ······ 123

Q 28 法人の代表者が暗号資産をその法人に貸し付けた場合 ······ 127

Q 29 暗号資産の売買で生計を立てている個人の売買損益の所得区分 ······ 129

Q 30 暗号資産の売買で生計を立てている個人の含み益（含み損）の取扱い ······ 132

Q 31 暗号資産の売買で生計を立てている個人が、暗号資産を他の暗号資産と交換した ······ 135

Q 32 暗号資産の売買で生計を立てている個人の必要経費 ······ 137

Q 33 暗号資産の売買で生計を立てている個人の設備投資に係る消費税の仕入税額控除 ······ 141

Q 34	飲食店を営む個人事業者が、売上代金として受け取った暗号資産を取引所で換金した	145
Q 35	飲食店を営む個人事業者が、暗号資産で経費の支払いをした	147
Q 36	国外財産調書（合計表）、財産債務調書（合計表）への暗号資産の記載方法	150
Q 37	暗号資産取引の国内源泉所得の判定	154
Q 38	国外転出時課税	157
Q 39	暗号資産を贈与した場合	159
Q 40	暗号資産を相続、遺贈によって取得した場合	162
Q 41	暗号資産を低額（無償）で譲渡した場合	165
Q 42	暗号資産の国内財産、国外財産の判断基準	167
Q 43	暗号資産による相続税の物納の可否	169
Q 44	相続によって取得した暗号資産を売却した場合の取得費加算の特例	171

第3章

NFTの会計と税務

Q 45	NFT を組成して第三者へ譲渡した場合（一次流通）	174
Q 46	購入した NFT を第三者に転売した場合（二次流通）	176
Q 47	デジタルアート制作者が NFT 化したデジタルアートを第三者に譲渡した場合	180
Q 48	NFT を知人に贈与した場合（受贈者、贈与者の立場から）	182
Q 49	NFT を相続により取得した場合	184
Q 50	財産債務調書（合計表）、国外財産調書（合計表）への NFT の記載方法	186
Q 51	NFT と NFT を交換した	188
Q 52	第三者の不正アクセスにより購入した NFT が消失した場合	191
Q 53	役務提供の対価として取引先が発行するトークンを取得した場合	193
Q 54	商品の購入の際に購入先が発行するトークンを取得した場合	195
Q 55	ブロックチェーンゲームの報酬としてゲーム内通貨を取得した場合	198
Q 56	NFT 取引に係る源泉所得税の取扱い	201
Q 57	NFT 取引の消費税の課税関係	203
Q 58	NFT 取引の内外判定	205

第4章

メタバースの会計と税務

- Q 59 メタバース内での取引の消費税の内外判定 ──── 208
- Q 60 メタバース内でアイテム・アバターを販売した場合 ──── 211
- Q 61 メタバース内で土地を売却した場合の税務 ──── 214
- Q 62 メタバース内での土地（ランド）の賃貸をした場合の税務上の取扱い ──── 217
- Q 63 メタバース内で保有する資産は、減価償却の対象か ──── 220
- Q 64 メタバース内で支払った経費は、申告上、必要経費・会社費用に計上できるか ──── 225
- Q 65 メタバース内に存在する資産を贈与した場合 ──── 227
- Q 66 メタバース内に存在する資産を相続で受け取った場合 ──── 229
- Q 67 メタバース内に存在する資産の財産債務調書（合計表）、国外財産調書（合計表）の記載方法 ──── 231
- Q 68 メタバースプラットフォーム運営会社の会計、税務 ──── 233
- Q 69 DAO（分散型自立組織）の損益における課税関係 ──── 239
- Q 70 DAO（分散型自立組織）におけるガバナンストークンを売却した ──── 241

参考資料　所得税確定申告書の記載例

- ① 給与所得者（会社員）の場合 ──── 246
- ② 事業所得者の場合 ──── 253

凡例

1 参考として掲げた法令等の名称については、次のように略語を用いています。

法法………………………法人税法
法令………………………法人税法施行令
法基通……………………法人税基本通達
法規………………………法人税法施行規則
所法………………………所得税法
所令………………………所得税法施行令
所基通……………………所得税基本通達
消法………………………消費税法
消令………………………消費税法施行令
措法………………………租税特別措置法
著法………………………著作権法
国外送金等調書規則…内国税の適正な課税の確保を図るための国外送金等に係る
　　　　　　　　　　　調書の提出等に関する法律施行規則(平成9年大蔵省令第
　　　　　　　　　　　96号)
資金決済法……………資金決済に関する法律(平成21年法律第59号)
金商法……………………金融商品取引法
暗資会計基準…………2018年3月14日に企業会計基準委員会から公表された実
　　　　　　　　　　　務対応報告第38号「資金決済法における暗号資産の会計処
　　　　　　　　　　　理等に関する当面の取扱い」
「暗号資産の会計処理等の取扱い」…2018年3月14日に企業会計基準委員会から
　　　　　　　　　　　公表された「資金決済法における暗号資産の会計処理等に
　　　　　　　　　　　関する当面の取扱い」で論じられた会計処理の取扱い
暗号資産FAQ ………2022年12月22日に国税庁から公表された「暗号資産に関
　　　　　　　　　　　する税務上の取扱いについて(FAQ)」
期末評価Q&A ………2023年1月20日に国税庁から公表された「法人が保有する
　　　　　　　　　　　暗号資産に係る期末時価評価の取扱いについて」
NFTFAQ ……………2023年1月13日に国税庁から公表された「NFTに関する
　　　　　　　　　　　税務上の取扱いについて(FAQ)」

2 条文番号は、例えば「法法22③二」と略して、「法人税法第22条第3項第2号」
を表記しています。

3 勘定科目名及び法人税確定申告書の別表調整名は、本書における仮の名称です。

4 本書の内容は、2023年10月31日現在施行の法令等によっています。

第**1**章

技術による
課税客体の変化と
法整備

第1節 技術による課税客体の変化

　南太平洋に9つの小さな島からなるツバルという国があります。気候変動による海面上昇で国土が沈みつつある国です。2022年11月にエジプトで開かれた国連の気候変動枠組み条約の締結国会議で、ツバルは、将来、国の機能や文化をインターネットの仮想空間であるメタバースに保存するデジタル国家として存続する計画を明らかにしました。国民は、世界各国で暮らし、選挙はメタバース内で実施するなど、国家の機能をメタバースに維持する計画です。

　世界的には、シンガポールをはじめいくつかの国でも国内の地形や街並みの情報をメタバースに正確に再現したデジタル国家構想が進んでいますが、あくまでも現実国家をデジタル化することで、デジタルの特性を活用して現実国家に活かすためのもので、ツバルは、将来、メタバースの中だけに存在する国家になる可能性があります。

　将来、デジタル国家のみとなったツバルの国民は、国家に対してどのような意識、感覚を持って暮らしていくのでしょうか。国家を維持していく根幹となる税制について、デジタル国家であるツバルと実際に生活する国との間でどう調整していくのでしょうか。

　仮に人々にとって、自身が主に帰属する国家、社会が現実世界にはなく、メタバース内の仮想国家、仮想社会になった時、税制をはじめ、現在の社会を成立させているさまざまな仕組み、考え方は、根本的に転換せざるを得ませんが、ツバルの国民にとって、それは、既に仮の未来ではないのかもしれません。

1 課税客体の考え方

　課税客体とは、課税の対象とされる物・行為または事実であり課税制

度の根本となるものです。例えば法人税であれば、企業が経済活動によって獲得した所得を課税客体として課税し、消費税であれば、資産の譲渡等やサービスを、固定資産税であれば、不動産等を保有する行為を課税客体としています。そして、対象となる物、行為、事実の主体は、常に現実世界において人格を持った、自然人、法人です。法人の活動も人が担っていると考えると、課税客体の主体は、最終的には全て人間の営みに基づきます。それは、現在の社会で新たに価値を生み出すことができるのは、直接的、間接的な人の営みのみであるからだと考えられます。

2 課税客体の変化

　マイクロソフトの創業者ビル・ゲイツ氏が2017年、ロボット・タックスの導入を提言して以来、各国の行政府や研究者によってロボット・タックス導入について議論がなされています。ロボット・タックスの根拠は、AIやロボットが人間の仕事を代替することにより、労働者が負担していた税金を、AIやロボット、具体的にはその所有者である企業等が負担するという概念です。

　通常、労働者が収入を得ることで生じる所得税は、社会保障費や公共サービスの資金源として使われますが、AIやロボットに労働力が置き換わると、税収は減少する可能性があり、ロボット・タックスは、その減少分を補うとともに、AIやロボットに雇用を奪われた人々の生活保障のための財源に充てられることが議論させています。

　AIやロボットへの課税は、具体的には、AI、ロボットを保有する企業等に対して課税することで、既存の課税の考え方、例えば固定資産税が、不動産等を所有する企業、個人を課税対象としていることと変わらないように見えますが、実は、ロボット・タックスは、今までとは根本的に異なる新しい価値を課税客体としている点で、税制に大きな変化をもたらすと考えています。既存の課税の考え方は、いずれも直接、間接

第1節　技術による課税客体の変化　3

的に人の営みから生み出される価値を課税客体としてきました。所得税であれば、直接的に、固定資産税であれば、対象となる不動産等を活用して個人や法人の経済活動によって生み出す価値に着目し、間接的に人間の営みによって生み出される価値を課税客体としています。

　これに対してAI、ロボットに対する課税は、AI、ロボットが、人間が生み出す価値を代替し、もしくは人間が生み出す価値を超えて生み出す新たな価値を課税客体としています。AIやロボットを企業や個人が所有し、人の操作によって価値を生み出すため、不動産等の保有を課税客体とする固定資産税と同様の考え方であり、また、電卓を手にした人間の計算速度が上がったことと何が異なるのかという議論があるかもしれません。AI、ロボットへの課税が今までの課税と根本的に異なるのは、AI、ロボットは人間が想定した機能をなぞるのではなく、人知を超えて価値を生み出すことにあります。AIが紡ぐ物語のストーリーを誰も予想することはできません。しかも不動産のように有限ではないため、技術革新によって専有という概念が薄れた将来を想像した場合、AI、ロボットが生み出す価値が所有する企業等との関係で繋がらない社会が訪れた時、AI、ロボットが自操して価値を生み出すことによって維持される社会における課税制度は、現在とはまったく異なるものになるのではないでしょうか。

　本書のテーマから逸れてしまいましたが、税制に限らず、既存の考え方や仕組みが将来にわたっておおむね通用するという見通しに何らの根拠もなく、大きな転換を迫られる時が意外と近くに来ているのではないかと感じています。

3 メタバース(仮想世界)に帰属する個人

　冒頭で国土が消滅へ向かっている国、ツバルのメタバースでの国家存続の取組みについて取り上げましたが、クラスター社の代表で、日本におけるメタバースの第一人者である加藤直人氏の書籍『メタバース　さ

よならアトムの時代』（集英社）を読むとデジタルな世界を主とし、フィジカルな現実世界を従とするメタバース・ファーストな世界が描かれています。現実世界では、フィジカルの維持に最低限必要な食事と排泄と医療的なケアのみを行う極限までにシンプル化された都市空間が広がり、人々はほとんど全ての欲求をデジタルな世界で満たすという未来の姿です。

　このメタバース・ファーストの世界が実現する過程では、人々の意識のなかで自身が存在している空間の比重が現実世界から少しずつ、メタバースへ移っていき、その進み具合も個人差があるという、現実世界とメタバース（仮想世界）が人々のなかで異なる比重で併存する未来を描くことができます。現在でも、世界最大規模のソーシャルVRサービスで代表的なメタバースプラットフォームのVRCatでは、常時、２万数千人が同時に仮想空間で活動しており、帰宅から翌朝、職場へ向かうまでの時間をVRCatのなかで過ごすというライフスタイルをとっている人々が存在しています。私もVRゴーグルを装着してメタバースを体験していますが、バーチャル空間における没入感が強く、仮に技術の進歩によりVRゴーグルが必要なくなり、軽微なツールに置き換わったことを想像すると現実と仮想の際は飛躍的に低くなるのではと感じています。

　本書では、第４章でメタバースの会計と税務について解説していますが、メタバースがあくまでも現実世界とのつながりのなかで存在し、現在の人々の生活、社会にとって現実世界が主で、メタバースは従であることを前提としています。従であるメタバース内の経済活動によって生み出される価値は、必ず主である現実世界の価値として還元されることから現実世界で実現する価値と根本的に変わらないため、既存の取扱いのなかで解説ができています。

　この前提が崩れ、現実世界とメタバースの比重が人々の間で異なり、メタバースを主とするライフスタイルが当たり前になり、現実世界の価

値とメタバースの価値が併存する世界を想定した場合、税制にどのような課題が生じるでしょうか。

1 「もの」の存在しない取引

メタバースは、仮想世界、仮想現実であるため、有体物である「もの」は介在せず、メタバース内での全ての取引が、トークンを介した無対物である何らかの権利の譲渡、貸付け(利用許諾)とサービスの提供取引になると考えられます。全てが目に見えないものになるため、取引の実態を正確に把握、理解し適切な課税を行う体制を整える必要があると考えられます。

2 地理的な所得課税の困難性

現在の課税システムでは、通常、個人の住所(居住地)や企業の本店所在地の国や地域に徴税権があり、存在する場所、取引が行われる場所に基づき課税されていますが、メタバースでは物理的な場所が存在しないため、現在の地理的要因に基づいた課税が困難になると考えられます。

3 メタバース(仮想空間)と現実世界の価値の断絶

現在、メタバース(仮想世界)での経済活動への課税を可能にしているのは、例えば、メタバース内で流通する決済手段にイーサリアム(暗号資産)が使われ、このイーサリアムが現実世界における法定通貨との交換が可能で、メタバース(仮想世界)での経済活動の価値を現実世界の価値として測定できるからです。メタバース(仮想世界)内で経済活動が完結し、メタバース(仮想世界)と現実世界の価値の断絶が起きた場合、メタバース(仮想世界)内でのまったく別の課税制度が必要になります。

4 メタバース(仮想空間)の不透明性

メタバースへ参加する動機のひとつに現実世界とは別の自分になるこ

とがあり、メタバース内の活動は、匿名性が高いという特徴を持っています。そのためメタバース内の経済活動における課税主体の把握が困難な場合が想定され、今後、メタバースが社会に受け入れられ、健全に成長するために、透明性を確保し、課税逃れや不正行為を防止する体制の確保が必要になると考えられます。

まだまだ、多くの課題が顕在化していくと思いますが、人間が快適に生命を維持するための役割を全てAIやロボットが代替し、肉体が存在する有限な現実世界を捨てて、限りなく膨張していくメタバースの住民になったとき、全ての欲望を叶えるために人間は何の代償も払う必要がなくなり、税が必要のない世界が実現するかもしれません。

現在の社会がどの方向に向かっているのかを見定めるのにまだ時間が必要ですが、ChatGPTの出現によってもたらされた影響に戸惑う社会の現状を考えるとき、現在が、既存の考え方や価値観を大きく転換しなければならない社会的変革の過程にあることは間違いがないと感じています。

第1節　技術による課税客体の変化　**7**

第2節 ブロックチェーンのトークンを介したビジネス全般に関する法制度等の現状

　本改訂に伴って本書で扱う範囲を暗号資産から、NFT(Non-Fungible Token)その他ブロックチェーンのトークンを介したビジネス全般に広げ、日本での法整備の変遷について、資金決済法、金融商品取引法、各税法、会計基準に区分して時系列に解説していきます。

1 資金決済法

1 暗号資産に関する規定の新設

　日本におけるトークンに対する法整備は、2016年5月の資金決済法の暗号資産に対応するための改正から始まりました。改正当時の名称は仮想通貨でしたが、その後暗号資産に改正されているため、この後の記載も全て暗号資産に統一します。

　資金決済法は、もともと商品券、プリペイドカード、電子マネーなどの前払式支払い手段や資金移動業、資金精算業について規定する目的でつくられた法律ですが、この法律の範囲に暗号資産が含まれ、第2条（定義）のなかで初めて暗号資産が法律的に定義されました。

　最初の暗号資産であるビットコインがこの世に生まれてから既に7年が経過していましたが、その間、暗号資産という存在は、さまざまな経緯を経て社会に認知され、一般に普及が進んだことで、法律の管理が必要だという国際的な機運の盛り上がりのなかで、日本は暗号資産をはじめとしたブロックチェーン技術の育成を戦略的に進める目的で比較的早い段階で法整備に着手したといえます。

〈資金決済法第2条第14項〉

　　この法律において「暗号資産」とは、次に掲げるものをいう。ただし、金融商品取引法第29条の2第1項第8号に規定する権利を表示するものを除く。

　　一　物品等を購入し、若しくは借り受け、又は役務の提供を受ける場合に、これらの代価の弁済のために不特定の者に対して使用することができ、かつ、不特定の者を相手方として購入及び売却を行うことができる財産的価値（電子機器その他の物に電子的方法により記録されているものに限り、本邦通貨及び外国通貨、通貨建資産並びに電子決済手段（通貨建資産に該当するものを除く。）を除く。次号において同じ。）であって、電子情報処理組織を用いて移転することができるもの

　　二　不特定の者を相手方として前号に掲げるものと相互に交換を行うことができる財産的価値であって、電子情報処理組織を用いて移転することができるもの

　第1号の規定に該当する暗号資産を一号暗号資産、第2号の規定に該当する暗号資産を二号暗号資産と呼びます。一号暗号資産は、物品の購入、賃借、サービス提供の対価（支払手段）として不特定の者に対して使用できる暗号資産で、具体的にはビットコインやイーサリアムなど数種の暗号資産が該当します。

　そして、二号暗号資産は、不特定の者との間で一号暗号資産と交換可能な暗号資産で、具体的には、暗号資産取引所、暗号資産販売所で一号暗号資産と取引が可能な暗号資産が該当することになります。

　ここで重要なのは、トークン全般のうち、カレンシートークン、アセットトークンに分類される暗号資産について、流通性のある一定の要件を満たすもののみが資金決済法により暗号資産として定義され、資金決済法による規制の対象となったという理解です。

　また、暗号資産の売買及び売買の媒介や代理等を業として行うことを暗号資産交換業と定め、暗号資産交換業者を金融庁管轄の登録制にしま

第2節　ブロックチェーンのトークンを介したビジネス全般に関する法制度等の現状　　9

した。暗号資産の売買や交換を業とすることはもちろんのこと、売買の媒介や売買の代理などを業とする暗号資産交換業については、第2条第15項で次のとおり定義しています。

〈資金決済法第2条第15項〉

（暗号資産交換業の定義）
　この法律において「暗号資産交換業」とは、次に掲げる行為のいずれかを業として行うことをいい、「暗号資産の交換等」とは、第1号又は第2号に掲げる行為をいい、「暗号資産の管理」とは、第4号に掲げる行為をいう。
　　一　暗号資産の売買又は他の暗号資産との交換
　　二　前号に掲げる行為の媒介、取次ぎ又は代理
　　三　その行う前2号に掲げる行為に関して、利用者の金銭の管理をすること。
　　四　他人のために暗号資産の管理をすること（当該管理を業として行うことにつき他の法律に特別の規定のある場合を除く。）。

　2019年5月に、「情報通信技術の進展に伴う金融取引の多様化に対応するための資金決済に関する法律等の一部を改正する法律」が成立（2020年施行）し、暗号資産に関して資金決済法において、暗号資産交換業の範囲に上記四が追加され、暗号資産のカストディ業務（顧客の暗号資産を預かり、安全に保管し、顧客の指示によって移動させる管理業務）が暗号資産交換業の定義に加えられました。

　四が追加されたことによって、暗号資産の売買や売買の媒介、代理等にともなう管理だけでなく、単に暗号資産を保管して管理する行為も暗号資産交換業に含まれ、規制の対象とされました。なお、最近、頻繁に実施されている暗号資産のレンディングサービスにおける利用者からの暗号資産の借入れは、一般に暗号資産の管理には該当しないとされています。ただ、利用者の請求によっていつでも借り入れた暗号資産の返還手続を実施するなど、実質的に他人のために暗号資産を管理している場

合には、上記四に該当し、資金決済法の規制の対象となります。

　なお、2023年3月に改正された金融庁「事務ガイドライン」にカスドディ取引に該当しない場合として、以下の例が追記されています。

- 事業者が、単独又は関係事業者と共同しても、利用者の暗号資産を移転するために必要な秘密鍵の一部を保有するにとどまり、事業者が単独又は関係事業者と共同して保有する秘密鍵のみでは利用者の暗号資産を移転することができない場合。
- 事業者が利用者の暗号資産を移転することができ得る数の秘密鍵を保有する場合であっても、その保有する秘密鍵が暗号化されており、事業者が当該暗号化された秘密鍵を復号するために必要な情報を保有していない場合。

　暗号資産が資金決済法の対象となったことから、暗号資産に関する規定として第3章の3が新設され、暗号資産交換業者に対する管理、監督、処分等の規定が設けられ、具体的には、次のような規制に関する法整備が実施されました。

〈資金決済法第63条の2、第63条の3〉

（暗号資産交換業者の登録）

　第63条の2　暗号資産交換業は、内閣総理大臣の登録を受けた者でなければ、行ってはならない。

（登録の申請）

　第63条の3　前条の登録を受けようとする者は、内閣府令で定めるところにより、次に掲げる事項を記載した登録申請書を内閣総理大臣に提出しなければならない。

　一　商号及び住所

　二　資本金の額

　三　暗号資産交換業に係る営業所の名称及び所在地

　四　取締役及び監査役（監査等委員会設置会社にあっては取締役とし、指名委員会等設置会社にあっては取締役及び執行役とし、外国暗号

第2節　ブロックチェーンのトークンを介したビジネス全般に関する法制度等の現状　**11**

資産交換業者にあっては外国の法令上これらに相当する者とする。）の氏名

五　会計参与設置会社にあっては、会計参与の氏名又は名称

六　外国暗号資産交換業者にあっては、国内における代表者の氏名

七　取り扱う暗号資産の名称

八　暗号資産交換業の内容及び方法

九　暗号資産交換業の一部を第三者に委託する場合にあっては、当該委託に係る業務の内容並びにその委託先の氏名又は商号若しくは名称及び住所

十　他に事業を行っているときは、その事業の種類

十一　その他内閣府令で定める事項

2　前項の登録申請書には、第63条の5第1項各号に該当しないことを誓約する書面、財務に関する書類、暗号資産交換業を適正かつ確実に遂行する体制の整備に関する事項を記載した書類その他の内閣府令で定める書類を添付しなければならない。

続く第63条の5では、登録を拒否する場合が規定されていますが、そのひとつに、暗号資産交換業を適正かつ確実に遂行するために必要と認められる内閣府令で定める基準に適合する財産的基礎が必要とされています。

その具体的な基準は、①資本金の額1,000万円以上であることと、②純資産額がマイナスでないこととされています。

その他に会計、税務的にも重要な規定として、利用者財産の管理に関して次のとおり規定されています。

〈資金決済法第63条の11〉

（利用者財産の管理）

第63条の11　暗号資産交換業者は、その行う暗号資産交換業に関して、暗号資産交換業の利用者の金銭を、自己の金銭と分別して管理し、内

閣府令で定めるところにより、信託会社等に信託しなければならない。

2　暗号資産交換業者は、その行う暗号資産交換業に関して、内閣府令で定めるところにより、暗号資産交換業の利用者の暗号資産を自己の暗号資産と分別して管理しなければならない。この場合において、当該暗号資産交換業者は、利用者の暗号資産(利用者の利便の確保及び暗号資産交換業の円滑な遂行を図るために必要なものとして内閣府令で定める要件に該当するものを除く。)を利用者の保護に欠けるおそれが少ないものとして内閣府令で定める方法で管理しなければならない。

3　暗号資産交換業者は、前2項の規定による管理の状況について、内閣府令で定めるところにより、定期に、公認会計士又は監査法人の監査を受けなければならない。

　資金決済法の改正によって、暗号資産が定義され、暗号資産交換業に登録制が導入され、監査が義務付けられたことによって、税制等の法整備や会計基準の策定が進められることになりました。

2　ステーブルコインに関する改正

　米国などで既に広がりつつあるステーブルコインを規制するための資金決済法の改正が2023年6月に実施されました。

　ステーブルコインに定まった定義はありませんが、一般的には、ブロックチェーン技術を活用し、法定通貨と連動した価格で発行され、発行価格と同額で償還を約する資産のことをいいます。資金決済法では、このステーブルコインのうち一定のものを電子決済手段として定義し、規制の対象としました。

〈資金決済法第2条第5項〉

（電子決済手段）
　この法律において「電子決済手段」とは、次に掲げるものをいう。
一　物品等を購入し、若しくは借り受け、又は役務の提供を受ける場合に、これらの代価の弁済のために不特定の者に対して使用することができ、かつ、不特定の者を相手方として購入及び売却を行うことができる財産的価値(電子機器その他の物に電子的方法により記録されている通貨建資産に限り、有価証券、電子記録債権法(平成19年法律第102号)第2条第1項に規定する電子記録債権、第3条第1項に規定する前払式支払手段その他これらに類するものとして内閣府令で定めるもの(流通性その他の事情を勘案して内閣府令で定めるものを除く。)を除く。次号において同じ。)であって、電子情報処理組織を用いて移転することができるもの(第3号に掲げるものに該当するものを除く。)
二　不特定の者を相手方として前号に掲げるものと相互に交換を行うことができる財産的価値であって、電子情報処理組織を用いて移転することができるもの(次号に掲げるものに該当するものを除く。)
三　特定信託受益権
四　前3号に掲げるものに準ずるものとして内閣府令で定めるもの

　ステーブルコインに対する資金決済法の改正後、暗号資産、ステーブルコイン等の電子決済手段等への資金決済法の対応をまとめると次の表のとおりです。

14　第1章　技術による課税客体の変化と法整備

【電子決済手段等への制度的対応】

いわゆる法定通貨建てのステーブルコインの分類

【デジタルマネー類似型】	【暗号資産型】
① 法定通貨の価値と連動した価格（例：1コイン＝1円）で発行され、発行価格と同額で償還を約するもの（及びこれに準ずるもの）	② 左記以外（アルゴリズムで価値の安定を試みるもの等）
▼	▼
デジタルマネー（送金・決済の手段）として規律	暗号資産や金融商品として規律

---

① 【デジタルマネー類似型】(＝電子決済手段)等

発行者

銀行・資金移動業者

（注1）デジタルマネー類似型(＝電子決済手段)及び既存のデジタルマネー(預金・未達債務)の発行・償還は、為替取引に該当。現行制度では、銀行・資金移動業者が行うこととされている。

（注2）発行者に係る規制の在り方は引き続き検討。

今回の法的手当

信託会社

（注3）信託受益権を用いる仕組み。

【金融商品取引法第2条等】
【資金決済法第37条の2等】

※マネロン等対策を含め、発行者が自ら行うことは可能

仲介者　今回の法的手当

電子決済手段等取引業者 等

※利用者保護やマネロン等対策の観点から必要な対応を行う

（注4）取引実態等が類似する暗号資産交換業の規制を参考。

（注5）マネロンリスクへの対応、発行者と仲介者の責任関係の明確化等を求める。

【資金決済法第2条、第62条の3～第62条の24等】
【銀行法第2条、第52条の60の3～第52条の60の35等
（信用金庫・信用組合の関連法も同様に措置）】
【預金保険法第37条等】【犯罪収益移転防止法第2条等】

銀行代理業者
電子決済等代行業者
金融サービス仲介業者

---

② 【暗号資産型】

発行者

—

（注1）EUは暗号資産型の一部について、発行者に開示規制等を導入する規制案を公表。

（注2）利用実態や諸外国の動向も踏まえ、日本においても規制の在り方について引き続き検討。

仲介者

暗号資産交換業者

（注3）金融商品取引法が適用される場合もある。

出所：金融庁「安定的かつ効率的な資金決済制度の構築を図るための資金決済に関する法律等の一部を改正する法律案　説明資料」

2 金融商品取引法

1 暗号資産デリバティブ取引

2020年5月1日施行の金融商品取引法の改正によって、金融商品取引法において金融商品の定義に暗号資産が追加されました(金商法2㉔三の二)。この改正によって、暗号資産を原資産とするデリバティブ取引について次のような規制の対象となりました。

- 店頭デリバティブ取引を業として行う場合には、第一種金融商品取引業登録が必要
- 外国為替証拠金取引(FX取引)と同様に、金商法上の規制(販売・勧誘規制等)を整備
- 証拠金の上限倍率(レバレッジ倍率)を、以下のとおり設定
  ・個人向け取引:暗号資産の種類によらず2倍とする
  ・法人向け取引:時々の価格変動に基づく必要な証拠金率を、暗号資産のペアごとに週次で算出する
- 暗号資産の特性に関する規制について、暗号資産交換業者に求める対応と同様に整備(暗号資産の性質に関する説明義務、問題がある暗号資産の取扱禁止、広告に関する規制など)

出所:金融庁「暗号資産(仮想通貨)に関する制度整備について」

2 電子記録移転有価証券表示権利等

金商法第2条第2項のみなし有価証券(第二項有価証券)のうち、電子情報処理組織を用いて移転することができる財産的価値(電子機器その他の物に電子的方法により記録されるものに限る)に表示されるもの(いわゆるトークン化されたもの)について、電子記録移転権利という新しい定義によって規定しました。また、内閣府令によってこの電子記録移転権利よりさらに広い定義として、金商法第2条第1項の有価証券を含めて上

16　第1章　技術による課税客体の変化と法整備

記のトークン化されたものを電子記録移転有価証券表示債権等としました。

　この改正の結果、電子記録移転有価証券表示権利等は、次の3つの類型に区分され、それぞれ規制の対象となります。

	内容	金商法の開示規制、業規制の種別等
トークン有価証券	株式、社債等、金商法2条2項各号の有価証券がトークン化されたもの（金商法2条2項柱書の有価証券表示債権）	●開示規制：第一項有価証券　原則として発行・継続開示の義務あり ●業規制：第一種金融商品取引業　登録時の最低資本金5,000万円、自己資本比率の継続的なモニタリングなど、高水準の規制を受ける
電子記録移転権利	集団投資スキーム、信託受益権等、金商法2条2項各号の権利がトークン化されたもの	
適用除外電子記録移転権利	内閣府令により、電子記録移転権利から除外されるもの	●開示規制：第二項有価証券　原則として発行・継続開示の義務なし ●業規制：第二種金融商品取引業　最低資本金1,000万円、自己資本比率規制も受けない

出所：日本STO協会資料「セキュリティトークンに関する現状等について」を参考に作成

　上記の改正によって、金商法第2条第2項のみなし有価証券である第二項有価証券の集団投資スキームであっても電子情報処理組織を用いて移転することができる財産的価値（電子機器その他の物に電子的方法により記録されるものに限る）に表示されるもの（いわゆるトークン化されたもの）については、電子記録移転権利となり、第一項有価証券に該当して第一種金融商品取引業として規制の対象となりました。この改正の意味するところは、投資型のICOが第一種金融商品取引業として金商法の規制の対象になったことです。

第2節　ブロックチェーンのトークンを介したビジネス全般に関する法制度等の現状　17

ICOは、2017年から2018年にかけて一種のブームとなり世界的に実施件数や資金調達額が大きく増加しましたが、不適切なICOも少なくなく、投資家の信頼を失い、現状、その実施が大きく減少しています。

現在、ICOに代わって、新たな資金調達方法としてSTO(Security Token Offering)が、注目されるようになっています。このSTOは、ICOとまったく別のものではなく、法律的な規制の概念が曖昧だったICOのうち明確に金商法の規制対象となる投資性ICO＝セキュリティトークンの発行による資金調達をSTOと定義し、投資に対する法律の適正な規制のもと健全に実際される資金調達方法として、2019年10月に国内の大手証券会社6社が共同で設立した一般社団法人日本STO協会等の自主規制のもと、活用が始まっています。

3 税制における取扱い

1 これまでの経緯

ここからは、暗号資産その他トークンに関する税制の対応の変遷を見ていきたいと思います。

まず、2016年5月の改正資金決済法において、暗号資産が支払手段として定義されたことを受けて、平成29(2017)年度税制改正において、暗号資産を消費税が非課税となる支払手段に含める改正が実施され、2017年7月より、暗号資産の売買取引は、消費税の非課税取引とされました。

〈消費税法施行令第9条〉

法別表第2第2号に規定する有価証券に類するものとして政令で定めるものは、次に掲げるものとする。
一　金融商品取引法第2条第1項第1号から第15号まで(定義)に掲げる有価証券及び同項第17号に掲げる有価証券(同項第16号に掲げる有価証券の性質を有するものを除く。)に表示されるべき権利(こ

18　第1章　技術による課税客体の変化と法整備

れらの有価証券が発行されていないものに限る。)

二　合名会社、合資会社又は合同会社の社員の持分、法人税法第2条第7号(定義)に規定する協同組合等の組合員又は会員の持分その他法人の出資者の持分

三　株主又は投資主(投資信託及び投資法人に関する法律(昭和26年法律第198号)第2条第16項(定義)に規定する投資主をいう。)となる権利、優先出資者(協同組織金融機関の優先出資に関する法律(平成5年法律第44号)第13条第1項(優先出資者となる時期等)の優先出資者をいう。)となる権利、特定社員(資産の流動化に関する法律(平成10年法律第105号)第2条第5項(定義)に規定する特定社員をいう。)又は優先出資社員(同法第26条(社員)に規定する優先出資社員をいう。)となる権利その他法人の出資者となる権利

四　貸付金、預金、売掛金その他の金銭債権

2　法別表第2第2号に規定するゴルフ場その他の施設の利用に関する権利に係るものとして政令で定めるものは、ゴルフ場その他の施設の所有若しくは経営に係る法人の株式若しくは出資を所有すること又は当該法人に対し金銭の預託をすることが当該ゴルフ場その他の施設を一般の利用者に比して有利な条件で継続的に利用する権利を有する者となるための要件とされている場合における当該株式若しくは出資に係る有価証券(次条第3項第11号において「ゴルフ場利用株式等」という。)又は当該預託に係る金銭債権とする。

3　法別表第2第2号に規定する支払手段から除かれる政令で定めるものは、収集品及び販売用の支払手段とする。

4　法別表第2第2号に規定する支払手段に類するものとして政令で定めるものは、資金決済に関する法律(平成21年法律第59号)第2条第5項(定義)に規定する暗号資産及び国際通貨基金協定第15条に規定する特別引出権とする。

(下線は筆者によるものです。)

〈消費税法基本通達 6 − 2 − 3〉

（支払手段の範囲）

　法別表第 2 第 2 号《有価証券等の譲渡》に規定する「外国為替及び外国貿易法第 6 条第 1 項第 7 号《定義》に規定する支払手段」とは、次のものをいうのであるから留意する。

⑴　銀行券、政府紙幣及び硬貨

⑵　小切手（旅行小切手を含む。）、為替手形、郵便為替及び信用状

⑶　約束手形

⑷　⑴〜⑶に掲げるもののいずれかに類するもので、支払のために使用することができるもの

⑸　<u>証票、電子機器その他の物に電磁的方法（電子的方法、磁気的方法その他の人の知覚によって認識することができない方法をいう。）により入力されている財産的価値であって、不特定又は多数の者相互間でその支払のために使用することができるもの（その使用の状況が通貨のそれと近似しているものに限る。）</u>

（注）　1　これらの支払手段であっても、収集品及び販売用のものは、課税の対象となる。

　　　　2　⑸の具体的範囲については、外国為替令において定めることとされている。

（下線は筆者によるものです。）

　ここでも、支払手段とされる暗号資産は、改正資金決済法と同様に、不特定多数の者の間で流通するものに限られています。

　なお、ステープルコインについても、令和 5（2023）年度税制改正によって消費税法上の支払手段に類するものの範囲に追加され、消費税の非課税取引とされました（消令 9 ④）。

　また、税制関連では、法改正ではありませんが、2017 年 9 月 9 日に、国税庁が WEB サイト上の質疑応答集であるタックスアンサーにおいて所得税の株式投資等と税金の区分に項目を追加するかたちで、ビットコインの売買による所得は雑所得に該当することを掲載しました。

20　第 1 章　技術による課税客体の変化と法整備

また、2017年12月１日には、国税庁より、「暗号資産に関する所得の計算方法等について(情報)」が公開されました。Q&A形式で暗号資産の雑所得の計算方法等について解説した資料で、公開当初は、９問でしたが、その後改訂の度に設問が増え、現在は、「暗号資産に関する税務上の取扱い(情報)」(令和４年12月最終改訂)が34問で公開されており、暗号資産に関する税務上の取扱いを実務レベルで確認する中心的な資料になっています。

　また、法人税法については、令和元(2019)年度税制改正において、次節の会計基準にあわせるかたちで、暗号資産の時価評価損益の計上について改正が実施され、法人が事業年度終了の時に有する暗号資産のうち活発な市場が存在する暗号資産(「市場暗号資産」といいます)については、時価法により評価した金額をその時における評価額とし、自己の計算において有する場合には、その評価益または評価損をその事業年度の益金の額または損金の額に算入することとされました。

2　令和５(2023)年度税制改正

　令和５年度税制改正において、暗号資産について法人税のふたつの大きな改正が行われました。

1　期末時価評価の緩和

　企業会計基準委員会が2022(令和４)年11月に公表した「暗号資産の発行者が発行時に自己に割り当てた暗号資産の会計上の取扱いについて」により、"発行による対価を受領しておらず自己で完結していると考えられるものは第三者との取引が生じるまでは、時価で評価されない"と見解を示したことから、法人税においても、期末時価評価の規定が緩和されました。

【期末時価評価による評価損益を計上するものの範囲から除外された暗号資産の要件】

① 自己が発行した暗号資産でその発行の時から継続して保有しているものであること

② その暗号資産の発行の時から継続して次のいずれかにより譲渡制限が行われているものであること

　イ．他の者に移転することができないようにする技術的措置がとられていること

　ロ．一定の要件を満たす信託の信託財産としていること

　上記の暗号資産に係る譲渡制限等の要件については、客観性を重視し、当該暗号資産につき、他の者に移転することができないようにする一定の技術的措置がとられていることもしくは一定の要件に該当する信託財産とされている場合をいいます。

〈法人税法第61条第2項〉

2　内国法人が事業年度終了の時において有する短期売買商品等(暗号資産にあっては、<u>市場暗号資産(活発な市場が存在する暗号資産として政令で定めるものをいう。第6項において同じ。)に限るものとし、特定自己発行暗号資産(当該内国法人が発行し、かつ、その発行の時から継続して有する暗号資産であってその時から継続して譲渡についての制限その他の条件が付されているものとして政令で定めるものをいう。同項及び第7項において同じ。)を除く。</u>以下第4項までにおいて同じ。)については、時価法(事業年度終了の時において有する短期売買商品等をその種類又は銘柄(以下この項において「種類等」という。)の異なるごとに区別し、その種類等の同じものについて、その時における価額として政令で定めるところにより計算した金額をもって当該短期売買商品等のその時における評価額とする方法をいう。)により評価した金額(次項において「時価評価金額」という。)をもって、その時における評価額とする。

(下線は著者によるものです。)

22　第1章　技術による課税客体の変化と法整備

〈法人税法施行令第118条の7第2項〉

　法第61条第2項に規定する発行の時から継続して譲渡についての制限その他の条件が付されているものとして政令で定めるものは、その発行の時から継続して次に掲げる要件のいずれかに該当する暗号資産とする。

　一　当該暗号資産につき、他の者に移転することができないようにする技術的措置として財務省令で定める措置がとられていること。

　二　当該暗号資産が信託で次に掲げる要件の全てに該当するものの信託財産とされていること。

　　イ　当該信託の受託者が信託会社のみであり、かつ、当該信託の受益者等が当該内国法人のみであること。

　　ロ　当該信託に係る信託契約において、当該信託の受託者がその信託財産に属する資産及び負債を受託者等以外の者に譲渡しない旨が定められていること。

　　ハ　当該信託に係る信託契約において、当該内国法人によって、当該信託の受益権の譲渡及び当該信託の受益者等の変更をすることができない旨が定められていること。

〈法人税法施行規則第26条の10〉

　令第118条の7第2項第1号に規定する財務省令で定める措置は、同項の暗号資産を他の者に移転することができないようにする技術的措置であって、次に掲げる要件のいずれにも該当するものとする。

　一　その移転することができない期間が定められていること。

　二　その技術的措置が、その暗号資産を発行した内国法人(その内国法人との間に完全支配関係がある他の者を含む。以下この号において「発行法人等」という。)の役員及び使用人(以下この号において「役員等」という。)並びに次に掲げる者のみによって解除をすることができないものであること。

　　イ　発行法人等の役員等の親族

　　ロ　発行法人等の役員等と婚姻の届出をしていないが事実上婚姻関係と同様の事情にある者

第2節　ブロックチェーンのトークンを介したビジネス全般に関する法制度等の現状　23

ハ　イ又はロに掲げる者以外の者で発行法人等の役員等から受ける
　　　金銭その他の資産によって生計を維持しているもの
　　ニ　ロ又はハに掲げる者と生計を一にするこれらの者の親族

② 借り入れた暗号資産の期末処理

　法人が暗号資産交換業者から信用の供与を受けて行う暗号資産の売買は暗号資産信用取引とされ、事業年度末に未決済のものがあるときは、期末に決済したものとみなして算出した利益又は損失の額に相当する額（みなし決済損益額）をその事業年度の所得金額の計算上、益金の額又は損金の額に算入する処理が規定（旧法法61⑦）されています。これに対して、法人が、自社の経営者など暗号資産交換業者"以外の者"から暗号資産を借り入れた場合は税法上の規定等がなく、例えば、法人が暗号資産交換業者以外の者から借り入れた暗号資産を市場等で売却した場合、その借入分を返すために買戻しをすることになりますが、事業年度末までに本来返済すべき暗号資産を買い戻していなかったとき、期末時点における暗号資産の時価変動による損益相当額を計上するか否かの取扱いについて規定されていなかったため、一般に公正妥当と認められる会計処理の基準に従い計算するしかない状況でした。

　令和5（2023）年度税制改正では、法人が暗号資産交換業者以外から借入れた暗号資産の譲渡をした場合において、その譲渡をした日の属する事業年度終了の時までにその暗号資産と種類を同じくする暗号資産の買戻しをしていないときは、その時においてその買戻しをしたものとみなして計算した損益相当額を計上することとなりました。

〈法人税法第61条第8項〉

　8　内国法人が暗号資産信用取引（他の者から信用の供与を受けて行う
　　暗号資産の売買をいう。以下この条において同じ。）を行った場合に
　　おいて、当該暗号資産信用取引のうち事業年度終了の時において決

> 済されていないものがあるときは、その時において当該暗号資産信
> 用取引を決済したものとみなして財務省令で定めるところにより算
> 出した利益の額又は損失の額に相当する金額(次項において「みなし
> 決済損益額」という。)は、当該事業年度の所得の金額の計算上、益金
> の額又は損金の額に算入する。

(下線は筆者によるものです。)
(注) 令和5年度改正では、暗号資産取引下表のように、期末時に買い戻したもの
とみなして計算した損益相当額を計上するよう手当されている。

　NFT(Non-Fungible Token)については、国税庁より令和5(2023)年1
月13日に「NFTに関する税務上の取扱いについて(情報)」が公開されま
した。NFTに関する税務については、本書の第3章において詳解しま
す。

　暗号資産、トークンの税制については、今後、所得税において、暗号
資産の譲渡による所得を、FX取引同様に分離課税の雑所得に区分する
改正が実施されるか否かが注目されています。

　また、本書執筆の最終段階で、令和6(2024)年度税制改正において、
企業が短期売買の目的以外で継続的に保有する暗号資産について、期末
での時価評価課税の対象から外す方向で調整しているという情報が入り
ました。ブロックチェーン技術を用いた非代替性トークン(NFT)の事
業を営む企業が決済目的で暗号資産を継続的に持つ事例やベンチャー
キャピタルが企業発行の仮想通貨を継続的に保有する事例等があり、国
内でのこれらの事業の普及を阻害しないため、担税力のない未実現利益
への課税を見直す方向のようです。

4 会計における取扱い

1 暗号資産に関する会計基準の制定

　暗号資産に関する会計基準については、2016年11月に日本公認会計

士協会より新規テーマの提案を受け、企業会計基準委員会(ASBJ)において検討がスタートしました。

当初は、2017年10月ごろに公開草案が公表される予定になっていましたが、作成が遅れ、2017年12月6日に「資金決済法における暗号資産の会計処理等に関する当面の取扱い(案)」が公開され、パブリックコメントの募集による修正を行った上、2018年3月14日に実務対応報告第38号「資金決済法における暗号資産の会計処理等に関する当面の取扱い」(以下「暗資会計基準」という)として公表されました。

暗資会計基準作成の背景には、資金決済法によって、暗号資産交換業者が登録制となり、財務諸表監査及び分別管理監査が義務付けられたことによって、監査において適正表示のよりどころとなる会計基準を必要としたことがあります。

その一方で、企業における暗号資産の保有が非常に限定的で広範な影響を及ぼすまでになっていないこと、国際的な検討がまだ行われていないこと、暗号資産によるビジネスの今後の進展を予測することが困難なこと等から、会計基準の開発は最小限の項目にとどめられ、また、範囲も資金決済法に規定する暗号資産に限定されました。

暗資会計基準は、Ⅰ.暗号資産交換業者または暗号資産利用者が保有する暗号資産の会計処理、Ⅱ.暗号資産交換業者が預託者から預かった暗号資産の会計処理、Ⅲ.開示の3章からなっています。また、後半に結論の背景というタイトルで、作成までの経緯や各項目の検討内容の詳細が資料として付いています。

「暗号資産利用者」という用語は暗資会計基準で初めて示されたものですが、暗号資産を利用する企業のうち、暗号資産交換業者以外のものと定義されています。

Ⅰ.暗号資産交換業者または暗号資産利用者が保有する暗号資産の会計処理では、自己が保有する暗号資産の期末評価方法について、活発な市場が存在する場合の暗号資産と活発な市場が存在しない場合の暗号資

産に区分して、前者は時価評価、後者は取得原価とされました。

1．期末における暗号資産の評価に関する会計処理

5．暗号資産交換業者及び暗号資産利用者は、保有する暗号資産(暗号資産交換業者が預託者から預かった暗号資産を除く。以下同じ。)について、活発な市場が存在する場合、市場価格に基づく価額をもって当該暗号資産の貸借対照表価額とし、帳簿価額との差額は当期の損益として処理する。

6．暗号資産交換業者及び暗号資産利用者は、保有する暗号資産について、活発な市場が存在しない場合、取得原価をもって貸借対照表価額とする。期末における処分見込価額(ゼロ又は備忘価額を含む。)が取得原価を下回る場合には、当該処分見込価額をもって貸借対照表価額とし、取得原価と当該処分見込価額との差額は当期の損失として処理する。

7．前期以前において、前項に基づいて暗号資産の取得原価と処分見込価額との差額を損失として処理した場合、当該損失処理額について、当期に戻入れを行わない。

この場合の活発な市場の判断規準については、次のように示されました。

2．活発な市場の判断規準

8．第5項における活発な市場が存在する場合とは、暗号資産交換業者又は暗号資産利用者の保有する暗号資産について、継続的に価格情報が提供される程度に暗号資産取引所又は暗号資産販売所において十分な数量及び頻度で取引が行われている場合をいうものとする。

また、暗資会計基準の後半の「結論の背景」のなかでは、活発な市場の判断規準について、金融商品に関する会計基準、棚卸資産会計基準等を参考に作成されたことが記載されています。

第2節　ブロックチェーンのトークンを介したビジネス全般に関する法制度等の現状　**27**

Ⅱ．暗号資産交換業者が預託者から預かった暗号資産の会計処理では、暗号資産交換業者が預託者から預かった暗号資産については、暗号資産交換業者の貸借対照表の資産と負債に同額を計上するとともに期末評価方法については、自己が保有する暗号資産と同様の方法で評価することが明らかにされています。

Ⅲ．開示では、暗号資産交換業者及び暗号資産利用者が暗号資産を売却した場合の表示について、売却収入から売却原価を控除して算定した純額を損益計算書に表示することが示されました。

また、暗号資産交換業者及び暗号資産利用者が決算期末に保有する暗号資産及び暗号資産交換業者が預託者から預かっている暗号資産についての注記事項が規定されました。

2．注記事項

17．暗号資産交換業者又は暗号資産利用者が期末日において保有する暗号資産、及び暗号資産交換業者が預託者から預かっている暗号資産について、次の事項を注記する。
  (1) 暗号資産交換業者又は暗号資産利用者が期末日において保有する暗号資産の貸借対照表価額の合計額
  (2) 暗号資産交換業者が預託者から預かっている暗号資産の貸借対照表価額の合計額
  (3) 暗号資産交換業者又は暗号資産利用者が期末日において保有する暗号資産について、活発な市場が存在する暗号資産と活発な市場が存在しない暗号資産の別に、暗号資産の種類ごとの保有数量及び貸借対照表価額。ただし、貸借対照表価額が僅少な暗号資産については、貸借対照表価額を集約して記載することができる。
    ただし、暗号資産交換業者は、暗号資産交換業者の期末日において保有する暗号資産の貸借対照表価額の合計額及び預託者から預かっている暗号資産の貸借対照表価額の合計額を合算した額が

資産総額に比して重要でない場合、注記を省略することができる。また、暗号資産利用者は、暗号資産利用者の期末日において保有する暗号資産の貸借対照表価額の合計額が資産総額に比して重要でない場合、注記を省略することができる。

② ICOに関する会計処理の検討

2018年3月14日に公開された暗資会計基準では、ICO（Initial Coin Offering）に関する会計基準の制定について、実施例がごく僅かで定まった定義、方法も確立されていないことから時期尚早として、「ただし、自己（自己の関係会社を含む。）の発行した資金決済法に規定する暗号資産は除く。」として基準の範囲から除かれました。その後、2019年5月に成立した「情報通信技術の進展に伴う金融取引の多様化に対応するための資金決済に関する法律等の一部を改正する法律」（令和元年法律第28号）により、金融商品取引法が2020年5月1日に改正され、トークンのうち、一定の要件、機能、性格を備えたものを有価証券として規定し、金商法の規制対象としました。具体的には、金商法第2条第2項に規定するみなし有価証券のうちブロックチェーン技術等による電子情報処理組織を用いて権利の移転・記録が行われるものを電子記録移転有価証券表示権利等という新しい概念により定義づけられました。また、資金決済法の改正によって、電子記録移転有価証券表示権利等に該当しないICOトークンを資金決済法上の暗号資産に該当するものとしました。

この改正を受けて、企業会計基準委員会では、2022年3月に「資金決済法上の暗号資産又は金融商品取引法上の電子記録移転権利に該当するICOトークンの発行及び保有に係る会計処理に関する論点の整理」を公表し、ICOトークン全般に対する会計上の論点を次の4つ挙げ、論点の内容と今後の方向性について整理しています。

論点1	基準開発の必要性及び緊急性、ならびにその困難さ
論点2	ICOトークンの発行者における発行時の会計処理
論点3	資金決済法上の暗号資産に該当するICOトークンの発行及び保有に関するその他の論点
論点4	電子記録移転有価証表示権利等の発行及び保有に関する論点

　上記のうち、論点4に関連して、企業会計基準委員会では、2022年8月に実務対応報告第43号「電子記録移転有価証券表示権利等の発行及び保有の会計処理及び開示に関する取扱い」を公表し、電子記録移転有価証券表示権利等は、その発行及び保有がいわゆるブロックチェーン技術等を用いて行われる点を除けば、従来のみなし有価証券(電子記録移転有価証券表示権利等に該当しないみなし有価証券を指す。以下同じ)と権利の内容は同一と考えられるため、電子記録移転有価証券表示権利等の発行及び保有の会計処理は、基本的に従来のみなし有価証券の発行及び保有の会計処理と同様に取り扱うこととしました。

　最近ではICOの概念をより広くトークンの発行による資金調達スキームとしてSTO(Security Token Offering)という定義が生まれ、健全な普及を目指して一般社団日本STO協会が自主規制を作成しています。今後このSTOが資金調達方法として普及、定着していくか否かは、会計基準の制定とそれに連動した税法の取扱いの明確化が大きな役割を担っていると考えています。

第2章

暗号資産
の
会計と税務

第**1**節 | 法人編

Q 1 マイニング、ステーキング、レンディングによって 暗号資産を獲得した

　当社は、暗号資産を単に投資目的で保有するだけでなく、今後、マイニング、ステーキング、レンディングにより収益を上げ、暗号資産関連を１つの部門として事業化を計画しています。これらマイニング、ステーキング、レンディングによって獲得した暗号資産は、会計及び税務上、どのように処理すべきでしょうか？

A　会計及び税務のいずれにおいても、マイニング、ステーキング、レンディングによって獲得した時点の暗号資産の時価によって売上高を計上し、同額を貸借対照表の暗号資産勘定に計上することになります。また、マイニング、ステーキング、レンディングに要した費用は必要経費に計上することになります。

　消費税の取扱いは、マイニング、ステーキングによる売上高は、消費税の不課税取引に該当し、マイニング、ステーキングの売上に係る課税仕入は、非課税売上対応課税仕入に区分されます。また、レンディングによる売上高は、消費税の課税取引に該当します。

解説

1 会計上の取扱い

　マイニングは、ブロックチェーン上で新たなブロックを生成することで、ステーキングは、暗号資産を保有しブロックチェーンのネットワークに参加することで、その報酬として暗号資産を受け取る行為のことで

す。いずれもブロックチェーンの維持や承認に貢献することで報酬を獲得する仕組みです。また、レンディングは、保有する暗号資産を貸し付けて利息として暗号資産を獲得する行為です。

　いずれも一定のサービスを提供する対価として暗号資産を獲得する取引になるため、マイニング、ステーキング、レンディングによって付与される暗号資産は実施企業の売上に計上すべき性格のものと考えられます。暗号資産を付与された時点で暗号資産の時価による円貨で売上高を計上し、同額を貸借対照表の暗号資産勘定に計上することになります。

　この場合の時価は、実施企業のその暗号資産の取引実績の最も大きい暗号資産取引所または暗号資産販売所における獲得時点の取引価額によることになります(暗資会計基準9項)。

〔仕訳例〕

　A社がマイニングに成功し、6.25BTCを獲得した。

　　(借)暗 号 資 産　18,750,000　(貸)売　　　　　上　18,750,000

　　※　A社のビットコインの取引実績が最も大きいB暗号資産取引所の獲得時の価額は3,000,000円／BTC、よって6.25BTC×3,000,000円＝18,750,000円

　また、マイニングにかかった人件費や電気代、設備の減価償却費等のコストは、売上に対して期間対応するかたちで原価、経費に計上することになります。

2 法人税の取扱い

　暗号資産FAQ1−6において、マイニング、ステーキング、レンディングにより暗号資産を取得した場合、その取得した暗号資産の取得時点の価額(時価)については所得の金額の計算上総収入金額(法人税においては益金の額)に算入し、マイニング等に要した費用については所得の金額の計算上必要経費(法人税においては損金の額)に算入することになります。従って、「 1 会計上の取扱い」と同様、法人税においても獲得時点で獲得した暗号資産の時価で売上高を認識することになります。

第1節　法人編　**33**

なお、マイニングを例にとると、現在10分間に１度の間隔で行われているため、決算日のマイニングによるビットコインの獲得については、期間帰属を明確にするため、獲得時間を正確に確認できるコンピューター上のログ等の客観的資料を備えることが重要になります。

③　消費税の取扱い

　マイニング、ステーキングによる暗号資産の獲得は、消費税の不課税として取り扱われます。これは、消費税の課税要件の①国内取引であること、②事業者が事業として行うものであること、③対価を得て行うものであること、④資産の譲渡、資産の貸付けまたは役務の提供であることのうち、マイニングは③の要件を、ステーキングは④の要件を満たさないためと解されています。

　また、マイニング、ステーキングの売上が不課税取引であるのに対して、レンディングによる暗号資産の獲得の売上は、消費税の課税取引になります。これは、暗号資産の貸付けにおける利用料が、資産の貸付けによる対価に該当するためです(暗号資産FAQ６－２)。

Q 2 売上の対価として暗号資産を受け取った

　　当社は、消費者向けにA商品を販売していますが、今月から決済方法にビットコインを導入することになりました。A商品代金1,000,000円をビットコインで受け取った場合に、会計及び税務上の取扱いはどのようになるでしょうか？　なお、商品の価格表示は、従来通り円建ての金額にて表示しております。

A　　消費者から売上代金をビットコインで受け取る場合には、消費者が購入し決済した時のBTC交換レートでビットコインが送金されますので、会計上受け取った時の交換レートでビットコイン建ての金額を認識します。さらに、取得したビットコインを期末時に保有している場合には、時価評価をすることになります。

　また、法人税法上の取扱いも同様に、期末時に時価評価することになっていますので、別表調整の必要はありません。なお、支払った側の取扱いについては、Q6を参照してください。

解　説

1　会計上の取扱い

　消費者が円建取引に際し、ビットコインを利用して決済する場合には、送金時における貴社が利用している取引所の交換レートによってビットコインを受け取ることになります。会社は期末時に保有するビットコインについて、「暗号資産の会計処理等の取扱い」に従って時価評価することになります(暗資会計基準5項)。

　ご質問の場合、売上代金の1,000,000円を貴社指定のビットコインアドレス[1]に送金手続きをしてもらうことで、送金時のビットコインの交換レートにより消費者からビットコインを受け取ることになります。

第1節　法人編　**35**

さらに、会社が取得したビットコインを期末時に保有している場合には、「暗号資産の会計処理等の取扱い」に従い、通常使用する自己の取引実績の最も大きい暗号資産取引所または暗号資産販売所における取引価格により時価評価することになります。期末時の評価差額は営業外収益または営業外費用の部において「暗号資産評価損益」として計上するものと思われます。

　期末時の具体的な評価換算方法については、Q5を参照してください。

　設例の具体的な仕訳例（例1）は次のとおりです。

- 売上時レート：1BTC＝3,000,000円（1円＝0.00000033BTC）
- 期末時レート：1BTC＝4,000,000円（1円＝0.00000025BTC）

〔売上時〕

　（借）暗　号　資　産　　1,000,000　　（貸）売　　上　　高　　1,000,000

　1,000,000円×0.00000033BTC＝0.33BTC

〔期末時〕

　（借）暗　号　資　産　　　320,000　　（貸）暗号資産評価益　　　320,000

　0.33BTC×4,000,000円＝1,320,000円

　1,320,000円－1,000,000円＝320,000円

　なお、現在ビットコインを支払手段として取り扱っている小売店等は、ビットコインレートの変動リスクを避けるため、瞬時に円貨換算する仕組みを利用していますので、暗号資産換算差額はほとんど発生していないようです。

　また、売上代金を暗号資産建の金額で請求する場合には、まず売上時の交換レートで売上高を計上することになります。さらに、入金時において消費者が保有しているビットコインが、そのまま貴社に送金されますので、入金時の交換レートで回収額を把握することになります。売上

1　ビットコインアドレスとは、ビットコインを利用する際の銀行口座の口座番号のようなもので、公開鍵から生成されます。

時と入金時との換算差額は、営業外収益または営業外費用の部において「暗号資産換算損益」として計上するものと思われます。

暗号資産取引（売上請求額1BTC）での具体的な仕訳例（例2）は次のとおりです。

- 売上時レート：1BTC＝3,000,000円
- 入金時レート：1BTC＝2,500,000円

〔売上時〕

　　（借）売　掛　金　　3,000,000　（貸）売　上　高　　3,000,000

　　　1BTC×3,000,000円＝3,000,000円

〔入金時〕

　　（借）暗　号　資　産　　2,500,000　（貸）売　掛　金　　3,000,000

　　　　暗号資産換算損　　　500,000

　　　1BTC×2,500,000円＝2,500,000円

　　　3,000,000円－2,500,000円＝500,000円

2　法人税の取扱い

企業が財やサービスを提供した場合の売上高は、通常の商取引と同様に、収入（益金）として認識します。円貨建ての請求金額について、ビットコインでの支払いを受け、そのまま期末に保有している場合に会計処理上時価評価した時は、法人税法上でも時価評価損益を計上することになりますので、法人税の申告書で別表調整する必要はありません（法法61②③、法令118の7、118の8）。詳しくはQ5を参照してください。また、ビットコイン建ての請求金額についてビットコインで支払いを受けた場合に、会計処理と同様に帳簿価額と入金時の時価との差額は損金または益金に算入することになると考えます（法法22①）。

ただし、時価評価すべき暗号資産を期末時に保有しているにもかかわらず時価評価しない場合には、別表調整が必要です。

第1節　法人編　　37

3 消費税の取扱い

　法人税の取扱いと同様に、財やサービスの内容により、その種類に応じて消費税の課税関係は異なります。ご質問の場合、国内での商品売買ですので、ビットコインで受け取ったときでも通常の売買と同様に課税区分を判断して適用することになります。

　一方で、ビットコインを期末時に保有し、時価評価をした時の含み益または含み損や、ビットコインで決済を受けたことによる換算差額は、資産の譲渡等には該当しないため、消費税の課税関係は生じません。

Q 3 販売所から購入した場合と取引所から購入した場合の違い

　当社は、投資を目的としてイーサリアムを取得することにしました。イーサリアムを一般に取得する方法として取引所と販売所のふたつがありますが、両者で購入した場合の違いはありますか？　また、投資目的ではなく、資金決済の目的で購入した場合には取扱いが異なることになるでしょうか？

A　企業がイーサリアムを購入する際に、取引所から購入する場合と販売所から購入する場合とで、会計及び税務上の違いはありません。また、投資目的で購入する場合でも、資金決済の目的で購入する場合でも取扱いは同じです。

　会計上は、イーサリアムを期末時に保有する場合には、時価評価することになり、また、法人税法上の取扱いも同様に時価評価することになりますので、別表調整の必要はありません。

解説

1　取引所と販売所

　イーサリアムを売買する場所は、一般的には取引所または販売所となります。

　取引所では、証券市場での株式の売買と同様に、売り手と買い手の希望価格が一致することにより、取引が成立します。従って、取引所における成立価格はひとつのみ、となります。なお、取引所の収入としては、その取引所において行われる参加者同士からの売買仲介手数料です。販売所では、暗号資産交換業者の運営会社自体が保有するイーサリアムを販売し、またはイーサリアムを買い取ることをしています。販売所が設定するイーサリアムの売買価格は、利益が上乗せされており、売

第1節　法人編　**39**

却価格と購入価格が異なります。

　イメージとしては、暗号資産を利用する企業にとって、取引所の価格を仲値とし、販売所への売却価格はより安く、販売所からの購入価格はより高く設定されています。

　大手暗号資産交換業者の2023年9月17日12時時点の価格をみると、販売所の売却価格は約232,900円、購入価格は約249,700円で提示され、取引所の価格は約241,300円で表示されています。

② 会計上の取扱い

　企業が保有するためのイーサリアムを購入する場所が、取引所と販売所で会計処理が異なることはありません。

　暗号資産交換業者が運営する販売所または取引所は、イーサリアムの交換レートを随時提示していますから、取得価格については、特段問題となることはありません。

　購入したイーサリアムは、支払対価の額をもって資産として計上することになります。さらに、イーサリアムを購入する際に、手数料等の付随費用を支払った場合は、支払対価に当該付随費用を加算した額をもって取得価額となります。

　100ETHを取得した時の具体的な仕訳例は次のとおりです。
- 購入時レート： 1 ETH＝200,000円
- 期末時レート： 1 ETH＝220,000円

〔購入時〕

　　(借)暗 号 資 産　　20,000,000　　(貸)現金及び預金　　20,000,000
　　100ETH×200,000円＝20,000,000円

〔期末時〕

　　(借)暗 号 資 産　　 2,000,000　　(貸)暗号資産評価益　　 2,000,000
　　100ETH×220,000円＝22,000,000円
　　22,000,000円－20,000,000円＝2,000,000円

取得原価の計算は、暗号資産の一定時点における取得価額(付随費用を加算した額)から、前回計算時点より当該一定時点までに売却した部分に一定の評価方法を適用して計算した売却原価を控除した価額とされています(暗資会計基準4項(8))。

　従って、具体的な計算方法は掲記されておりませんが、後述する法人税の取扱いと同様に、原則は移動平均法、継続適用を条件として総平均法を用いて計算するものと思われます。

③　法人税の取扱い

　イーサリアムを購入する取引自体は会計上損益に影響がない取引であるため、法人税法上の課税関係は生じません。暗号資産の取得価額について、購入した暗号資産は、その購入代価に付随費用を加算した金額を、自己が発行することにより取得した暗号資産にあっては、その発行のために要した費用の額を取得価額とします。これら以外の暗号資産は、その取得の時における通常要する価額が取得価額となります(法法61①二、法令118の5)。

　なお、暗号資産を2回以上にわたって取得した場合の取得価額は、移動平均法または総平均法により算出した1単位当たりの帳簿価額に数量を乗じて計算することになります。税務署への届出書により算定方法を定めない場合には、移動平均法により計算します(法法61①二、118の6①②)。

　例外として、暗号資産を購入し、もしくは売却し、または種類の異なる暗号資産に交換しようとする際に、その暗号資産がいずれの暗号資産交換業者においても、本邦通貨及び外国通貨(本邦通貨等)と直接交換ができないことから、本邦通貨等と直接交換が可能な他の暗号資産を介在して取引を行うため、一時的に当該他の暗号資産を有することが必要となる場合の取得についての譲渡原価は、個別法により算出する必要があります(法令118の6⑥、法基通2－3－65)。

第1節　法人編　41

また、会社が2以上の暗号資産取引所を利用して、同一の暗号資産を売買している場合の取得原価の取扱いに関して、会計処理も法人税法上の取扱いも明確に定められておりません。従って、同一の暗号資産は、暗号資産取引所ごとに評価方法を選定し計算するのではなく、同一の評価方法で計算することになると思われます。

なお、期末にイーサリアムを保有している場合に会計処理上時価評価をしたときは、法人税法上でも時価評価損益を計上することになりますので、法人税の申告書で別表調整する必要はありません。詳しくはQ5を参照してください。

ただし、時価評価すべき暗号資産を期末時に保有しているにもかかわらず時価評価しない場合には、別表調整が必要です。

4 消費税の取扱い

イーサリアムを取引所や販売所から購入する取引は、非課税仕入となり、仕入税額控除の対象となりません。なお、期末時点で認識した評価損益は、資産の譲渡等には該当せず、消費時の課税関係は生じません。

42 第2章 暗号資産の会計と税務

Q 4 法人が暗号資産の信用取引を行った

当社は、投資目的としてビットコインを保有しています。この度、更なる利益を追求するために、新たに信用取引を始めることにしました。証拠金10BTCを差し入れて、40BTCのビットコインを信用取引で取得しました。その場合に、会計及び税務上の取扱いはどのようになるでしょうか？

A 信用取引を行った場合で、決済時に譲渡損益額を計上するとともに、期末時に未決済の取引がある時には、会計上決済があったものとして時価評価することになります。また、税務上も同様の取扱いとなります。

解説

1 信用取引

信用取引は、自社で保有する現物以上の数量の取引を行うことができる投資方法です。

証拠金を差し入れて、その何倍ものレバレッジを効かせた取引を行うことができます。日本暗号資産取引業協会(JVCEA)は金融庁より認定資金決済事業者協会(自主規制団体)に認定され、自主規制を施行していますが、証拠金取引に関する規定を策定し、暗号資産の証拠金取引における証拠金倍率の上限を暗号資産の種類ごとに一定の倍率まで制限する規制を実施しています。

なお、レバレッジを効かせて投資を行う取引について、厳密にはFX取引、先物取引、信用取引に分かれますが、現状は、暗号資産取引所によって名称が異なっています。いわゆる暗号資産FX取引や暗号資産先物取引の場合は、暗号資産信用取引ではなく、デリバティブ取引に該当

第1節 法人編 **43**

することになります。

2 会計上の取扱い

　執筆時現在において、暗号資産の信用取引に関する明確な会計基準はありません。有価証券の信用取引と同様の取扱いで処理することになると考えます。

　設例の具体的な仕訳例は次のとおりです。

- 差入時、信用買時レート：1 BTC＝3,000,000円
- 期末時レート：1 BTC＝3,200,000円
- 決済時レート：1 BTC＝3,100,000円

〔証拠金差し入れ時〕

　　(借)差 入 証 拠 金　30,000,000　(貸)暗 号 資 産　30,000,000

　　10BTC×3,000,000円＝30,000,000円

〔信用買時〕

　　(借)信用取引暗号資産　120,000,000　(貸)暗号資産信用取引未払金　120,000,000

　　40BTC×3,000,000円＝120,000,000円

〔期末時〕

　　(借)信用取引暗号資産　8,000,000　(貸)暗号資産評価益　8,000,000

　　40BTC×3,200,000円＝128,000,000円
　　128,000,000円－120,000,000円＝8,000,000円

〔翌期首〕

　　(借)暗号資産評価益　8,000,000　(貸)信用取引暗号資産　8,000,000

〔決済時〕

　　(借)暗号資産信用取引未払金　120,000,000　(貸)信用取引暗号資産　120,000,000

　　(借)現金及び預金　3,800,000　(貸)暗号資産換算益　4,000,000

　　(借)支 払 手 数 料　100,000

　　(借)支 払 利 息　100,000

　　40BTC×3,100,000円＝124,000,000円

124,000,000円－120,000,000円＝4,000,000円
※　暗号資産取引所への手数料及び利息は100,000円と設定。

3　法人税の取扱い

　暗号資産信用取引の方法により、暗号資産の売付けをし、その後にその暗号資産と種類を同じくする暗号資産の買付けをして決済した場合の譲渡損益額は、売付け価額と買付け価額の差額となります。その反対の取引を行った場合も同様です。ただし、譲渡損益の計上時期は以下となりますので注意が必要です。

①　暗号資産の売付けをし、その後にその暗号資産と種類を同じくする暗号資産の買付けをして決済するもの……その決済に係る買付けの契約をした日

②　暗号資産の買付けをし、その後にその暗号資産と種類を同じくする暗号資産の売付けをして決済するもの……その決済に係る売付けの契約をした日

　暗号資産信用取引を行った場合において、暗号資産信用取引のうち、事業年度終了時に決済されていないものがあるときは、その時において決済したものとみなして算出した利益の額または損失の額に相当する金額(みなし決済損益額)をその事業年度の益金の額または損金の額に算入します(法法61⑧、法規26の11)。

　また、益金の額または損金の額に算入された暗号資産信用取引に係るみなし決済損益額に相当する金額は、翌事業年度に洗い替え処理し損金の額または益金の額に算入することになります(法令118の12①)。

　なお、税法上における「暗号資産信用取引」とは、他の者から信用の供与を受けて行う暗号資産の売買をいいます(法法61⑧)。

4　消費税の取扱い

　暗号資産の売却取引について、会計上は売却収入から売却原価を控除

第1節　法人編　　45

した「純額」で処理しますが、消費税法上は「総額」で処理しなければなりません。つまり、購入時においては支払対価の額が非課税仕入となり、売却時においては売却収入が非課税売上となります。

　なお、暗号資産の譲渡は非課税売上ですが、課税売上割合を計算する上では、分母に含まれないため、総額で処理することによる影響はないものと思われます。

Q 5　法人が保有する暗号資産の期末評価方法

当社は、今期より営業取引の決済をビットコインで行うことになりました。期末日現在に、ビットコインを保有しておりますが、会計及び税務上どのように処理すべきでしょうか？　なお、投資目的で保有した場合には取扱いが異なるのでしょうか？

A　会社が期末に保有している暗号資産の期末換算方法は、活発な市場の存在の有無により処理が異なりますが、ビットコインは「活発な市場が存在する」暗号資産に該当するため、期末に時価評価した価額をもって貸借対照表価額とし、帳簿価額との差額は当期の損益として処理します。また、活発な市場が存在しない場合は、時価評価をせず、取得原価をもって貸借対照表価額とします。なお、投資目的で保有した場合でも同様の取扱いとなります。

一方で、法人税法上も活発な市場が存在する場合には、時価評価損益を計上することになりますので、別表調整の必要はありません。さらに、活発な市場が存在しない場合でも、会計上と同様に原価法により評価することになります。

解 説

1　会計上の取扱い

期末に保有する暗号資産の評価に関しては、その保有目的ではなく、活発な市場の存在の有無により取扱いが異なります。

1 活発な市場が存在する場合

ビットコインなどの活発な市場が存在する場合の暗号資産は、期末に時価評価した価額をもって、貸借対照表価額とします。

活発な市場が存在する場合とは、「暗号資産交換業者が、継続的に価

第1節　法人編　**47**

格情報が提供される程度に暗号資産取引所または暗号資産販売所において十分な数量及び頻度で取引が行われている場合をいう」とされています(暗資会計基準8項)。

継続的な価格情報とは、暗号資産交換業者がその利用者に24時間タイムリーに暗号資産の価格を提供できる状態にあることであり、取引ボリュームに関しては、大量に保有しているだけでなく、取引数量にも注意が払われています。

なお、期末評価においてどの時価情報を利用するかについては、通常使用する自己の取引実績の最も大きい暗号資産取引所または暗号資産販売所における取引価格により時価評価することになります(暗資会計基準9項)。

期末評価により生じた帳簿価額との差額(評価差額)については、当期の損益として処理します(暗資会計基準5項)。勘定科目名や表示区分は定められていませんが、「暗号資産評価損益」などの勘定科目の使用が考えられます。

なお、購入時に支払対価に含めた付随費用は、期末評価時においては含めません(暗資会計基準9項)。

2 活発な市場が存在しない場合

上記 1 の活発な市場が存在する場合の要件に該当しない、いわゆる取引の少ない暗号資産は、期末に時価評価をせず、取得原価を貸借対照表価額とします。

なお、期末における処分見込価額が取得原価を下回る場合には、処分見込価額をもって貸借対照表価額とし、帳簿価額との差額は当期の損失として処理されます(暗資会計基準6項)。また、この損失額は、翌期以降に戻入処理を行いません(暗資会計基準7項)。

ご質問の場合は、期末の時価をもって貸借対照表価額とし、期末における評価差額は純額で損益計算書に計上されることになります。

具体的な仕訳例は次のとおりです。

- 購入時レート：1 BTC＝3,000,000円
- 期末時レート：1 BTC＝2,800,000円

〔購入時〕

(借)暗　号　資　産　　　3,000,000　(貸)現金及び預金　　　3,000,000

　　1 BTC×3,000,000円＝3,000,000円

〔期末時〕

(借)暗号資産評価損　　　200,000　(貸)暗　号　資　産　　　200,000

　　1 BTC×2,800,000円＝2,800,000円

　　3,000,000円－2,800,000円＝200,000円

2　法人税の取扱い

　法人税法上における暗号資産は、棚卸資産からも固定資産からも除外されております(法法2二十、法令12)。法人が事業年度終了の時において有する暗号資産のうち活発な市場が存在する暗号資産(以下「市場暗号資産」といいます)については、短期売買商品等の条文に組み込まれているため(法法61①)、時価法により評価した金額をもって評価損益を計上することになります(法法61②③、法令118の7、118の8)。時価法により評価した金額とは、暗号資産の種類ごとに次のいずれかにその暗号資産の数量を乗じて計算した金額とされています。

①　価格等公表者によって公表されたその事業年度終了の日における市場暗号資産の最終の売買の価格(公表された同日における最終の売買の価格がない場合には、同日前の最終の売買の価格が公表された日でその事業年度終了の日の最も近い日におけるその最終の売買の価格となります)

②　価格等公表者によって公表されたその事業年度終了の日における市場暗号資産の最終の交換比率×その交換比率により交換される他の市場暗号資産に係る上記①の価格(公表された同日における最終の交換比率がない場合には、同日前の最終の交換比率が公表された日でそ

第1節　法人編　**49**

の事業年度終了の日に最も近い日におけるその最終の交換比率に、その交換比率により交換される他の市場暗号資産に係る上記①の価格を乗じて計算した価格となります)

なお、期末において時価評価した評価損益の額は、翌事業年度において洗替処理します(法令118の9①)。

また、活発な市場が存在する暗号資産とは、法人が保有する暗号資産のうち次の要件の全てに該当するものをいいます(法令118の7①)。

① 継続的に売買価格等(※)が公表され、かつ、その公表される売買価格等がその暗号資産の売買の価格または交換の比率の決定に重要な影響を与えているものであること。

※ 売買価格等とは、売買の価格または他の暗号資産との交換の比率をいいます。

② 継続的に上記①の売買価格等の公表がされるために十分な数量及び頻度で取引が行われていること。

③ 次の要件のいずれかに該当すること。

イ．上記①の売買価格等の公表がその法人以外の者によりされていること。

ロ．上記②の取引が主としてその法人により自己の計算において行われた取引でないこと。

活発な市場が存在する暗号資産に該当するかどうかは、保有する暗号資産の種類、過去の取引実績及び取引の対象とされている暗号資産取引所または暗号資産販売所の状況等を勘案し、個々の暗号資産の実態に応じて判断することになりますが、この判断に際して、例えば、合理的な範囲内で入手できる売買価格等が暗号資産取引所または暗号資産販売所ごとに著しく異なっていると認められる場合や、売手と買手の希望する価格差が著しく大きい場合には、上記①及び②の観点から、通常、市場は活発ではないと判断されることになります(期末評価Q&A2)。

このように活発な市場が存在する暗号資産については、会計処理と税務処理が一致するため、別表調整は不要ですが、会計処理上時価評価しなかった場合は、別表調整が必要です。

　一方、活発な市場が存在しない暗号資産の期末評価額は会計処理と同様に原価法のため、別表調整は不要です（法法61②）。ただし会計上、処分見込価額をもって評価した場合は、別表調整が必要となります。

　ご質問の場合、貴社が期末において保有するビットコインは、活発な市場が存在する暗号資産であり、自己の計算において有する暗号資産に該当しますので、会計上及び税務上ともに時価法により評価し、別表調整は不要となります。

　なお、「❶　会計上の取扱い」での具体例について、会計上時価評価せず別表調整する場合の申告書の記載方法は次のとおりです。

【法人税の申告書の記載例】

〈別表四　所得の金額の計算に関する明細書〉

区分		総額	処分	
			留保	社外流出
当期利益又は当期欠損の額		…		
減算	暗号資産評価損の損金算入	200,000	200,000	

〈別表五（一）　利益積立金額及び資本金等の額の計算に関する明細書〉

I　利益積立金額の計算に関する明細書				
区分	期首現在利益積立金額	当期の増減		差引翌期首現在利益積立金額
		減	増	
暗号資産			△200,000	△200,000

第1節　法人編　51

このほか、DEX(分散型取引所)に上場されている暗号資産について
も、自動マーケットメイカーによって現時点における暗号資産の交換比
率が明らかにされ、その明らかにされた交換比率に基づき、随時、暗号
資産の交換の取引が行われているなど、公表される交換比率が他の暗号
資産取引所において公表される交換比率と著しく異なるといった特殊な
事情が認められず、DEXにおいて継続的に暗号資産の交換の取引が成
立しているのであれば、活発な市場が存在する暗号資産の要件を満たす
限り、時価評価の対象となります(期末評価Q&A 3)。

　また、ロックアップ(暗号資産を他に移転できないような仕組み)中の暗
号資産についても、ステーキングによる報酬を得るため、ロックアップ
により保有する暗号資産を譲渡できない状態となっていても、ロック
アップ期間中にステーキング報酬を得ることができること、その保有す
る暗号資産の将来的な価格変動リスク等を自社が負うことから、自己の
計算において暗号資産を有するものと考えられます。この場合も活発な
市場が存在する暗号資産の要件を満たす限り、時価評価の対象となりま
す(期末評価Q&A 4)。

　さらに、令和 5 (2023)年度税制改正において法人が事業年度末にお
いて有する暗号資産のうち時価評価により評価損益を計上するものの範
囲から、次の要件に該当する暗号資産(以下「特定自己発行暗号資産」とい
う)が除外されました(法法61②)。

①　自己が発行した暗号資産でその発行の時から継続して保有してい
　るものであること

②　その暗号資産の発行の時から継続して次のいずれかにより譲渡制
　限が行われているものであること

　イ．他の者に移転することができないようにする技術的措置がとら
　　れていること。

　ロ．一定の要件を満たす信託の信託財産としていること。

　また、特定自己発行暗号資産に該当する暗号資産を自己の計算におい

て有する場合において、その暗号資産が特定自己発行暗号資産に該当しないこととなったときは、一定の方法により、その該当しないこととなった時において、その暗号資産を譲渡し、かつ、その暗号資産を取得したものとみなして、所得金額を計算することになります(法法61⑦)。

なお、令和6(2024)年度税制改正において、他社発行の継続的な保有等に係る暗号資産も期末時価評価の対象から除外される予定です。

会計及び税務上の期末評価方法をまとめると、下記の表のようになります。

【暗号資産の会計上・法人税の期末換算方法】

活発な市場の存在の有無	会計上			法人税	
				評価	申告調整
存在する	自己の計算において有する暗号資産	市場暗号資産	期末時価評価 (損益認識する)	時価評価 益金(損金)算入	なし
		特定自己発行暗号資産	資産を認識しないか又は取得原価(※2)	取得原価	なし (原則)
	自己以外の者の計算において有する暗号資産(※1)		期末時価評価 (損益認識しない)	時価評価 益金(損金)算入しない	なし
存在しない	取得原価≦処分見込価額		取得原価	取得原価	なし
	取得原価>処分見込価額		期末時価評価	取得原価	あり

※1　自己以外の者の計算において有する暗号資産とは、例えば暗号資産交換業者が利用者から預かっている暗号資産をいいます。

※2　第490回企業会計基準委員会(2022年11月7日開催)議事概要別紙(審議事項(1)暗号資産の発行者が発行時に自己に割り当てた暗号資産の会計上の取扱いについて)で、一定の方向性は示されているもの明確な基準はない。

第1節　法人編　53

Q 6 仕入の対価を暗号資産で支払った

　当社は、株式会社甲社から毎月材料を仕入れていますが、今月の仕入分3,000,000円について、請求書にビットコインのQRコードが記載されていましたので、ビットコインで支払うことにしました。この場合、会計及び税務上の取扱いはどのようになるでしょうか？　なお、請求書については、従来通り円建ての請求額にて届いております。

A　取引先からの請求金額をビットコインで支払う場合には、取引先に決済時のBTC交換レートでビットコインを送金することになります。そのため、ビットコインで支払った時には、支払った時の交換レートでビットコイン建ての金額を認識します。さらに、期末時にビットコインを保有している場合には時価評価をすることになります。

　また、法人税法上の取扱いでも時価評価することになりますので、別表調整の必要はありません。なお、受け取った側の取扱いについては、Q2を参照してください。

解説

1 会計上の取扱い

　企業が円建取引に際し、ビットコインを利用して決済する場合には、送金時における会社が利用している取引所の交換レートによって、ビットコインを取引先等に送金することになります。

　ご質問の場合、仕入代金の3,000,000円について指定のビットコインアドレスに送金手続きをすることで、送金時のビットコインの交換レートにより、甲社へビットコインが送金されることになります。

　設例の具体的な仕訳例（例1）は次のとおりです。

- BTC取得時レート：1 BTC＝2,800,000円（1円＝0.00000035BTC）

54　第2章　暗号資産の会計と税務

・支払時レート：1BTC＝3,000,000円（1円＝0.00000033BTC）

〔BTC取得時〕

　　（借）暗 号 資 産　　2,800,000　　（貸）現金及び預金　　2,800,000

〔仕入時〕

　　（借）仕　　入　　高　　3,000,000　　（貸）買　　掛　　金　　3,000,000

〔支払時〕

　　（借）買　　掛　　金　　3,000,000　　（貸）暗 号 資 産　　2,800,000

　　　　　　　　　　　　　　　　　　　　　　　暗号資産換算益　　　200,000

　支払用として円貨を1BTCに交換していたとすると、支払時の交換レートが1円＝0.00000033BTCであるため1BTCを甲社に送金し、BTC取得時のレートとの差益200,000円を認識することになります。

　BTC取得時と支払時との換算差額は、営業外収益または営業外費用の部において「暗号資産換算損益」として計上するものと思われます。

　仮に、会社が取得したビットコインを期末時に保有している場合には、「暗号資産の会計処理等の取扱い」に従い、通常使用する自己の取引実績の最も大きい暗号資産取引所または暗号資産販売所における取引価格により時価評価することになります(暗資会計基準9項)。

　なお、期末時の具体的な評価換算方法については、Q5を参照してください。

　また、企業が暗号資産建取引で請求されビットコインを利用して決済する場合には、送金時において会社が保有しているビットコインをそのまま取引先等に送金します。そのため、送金時の交換レートで円建ての金額を把握することになります。仕入時と支払時との換算差額は、営業外収益または営業外費用の部において「暗号資産換算損益」として、として計上するものと思われます。

　暗号資産取引(仕入請求額1BTC)での具体的な仕訳例(例2)は次のとおりです。

・仕入時のレート：1BTC＝2,800,000円

• 送金時のレート：1 BTC＝3,000,000円

〔仕入時〕

　　(借)仕　　　　　入　　2,800,000　　(貸)買　掛　金　　2,800,000
　　　1 BTC×2,800,000円＝2,800,000円

〔支払時〕

　　(借)買　　掛　　金　　2,800,000　　(貸)暗　号　資　産　　3,000,000
　　　暗号資産換算損　　　　200,000
　　　1 BTC×3,000,000円＝3,000,000円

2　法人税の取扱い

　支払うべき財やサービスの内容により、通常の税務上の取扱いと同様に、その種類に応じて処理が異なります。円建ての請求金額についてビットコインで支払う場合には、支払時点でビットコインの交換レートの値上がり益(または値下がり損)が実現することになりますので、帳簿価額と支払時の時価との差を把握し損金または益金に算入することになると考えます(法法22①)。また、ビットコイン建ての請求金額についてビットコインで支払う取引についても、会計処理と同様に帳簿価額と支払時の時価との差額を把握し損金または益金に算入することになると考えます(法法22①)。

　なお、ビットコインを期末に保有している場合に会計処理上時価評価した時は、法人税法上も保有資産の時価評価損益を計上することになりますので、法人税の申告書で別表調整する必要はありません(法法61②③、法令118の7、118の8)。詳しくはQ5を参照してください。

　ただし、時価評価すべき暗号資産を期末時に保有しているにもかかわらず時価評価しない場合には、別表調整が必要です。

3　消費税の取扱い

　法人税の取扱いと同様に、財やサービスの内容により、その種類に応

じて消費税の課税関係は異なります。ご質問の場合、国内での商品仕入ですので、通常の仕入と同様に課税区分を判断して適用することになります。

　一方で、今回のようにビットコインで支払う取引は、一度、ビットコインを売却して円貨に交換し、交換した円貨を送金する取引と同様と考えられるため、円貨換算した総額が非課税売上となります。上記例1の場合、支払時の円貨換算額の3,000,000円が非課税売上となります。

　なお、暗号資産の譲渡は非課税売上ですが、課税売上割合を計算する上では、分母に含まれないため、総額で処理することによる影響はないものと思われます。

第1節　法人編　**57**

Q 7 企業が給与をビットコインで支払った

　当社は従業員への給与をビットコインで支給することにしました。契約において毎月末日に１BTCをビットコインで支給することとした場合、どのような処理が必要でしょうか？

　なお、当社は現物給与に係る労働協約を締結しています。

A　会社との雇用契約において給与をビットコインで支給する場合、そのビットコインは現物給与として取り扱われ、源泉徴収事務の必要性などから、ビットコインを支給時のBTCレートにて円貨換算することが必要です。

解 説

1 会計上の取扱い

　給与をビットコインで支給する場合は現金以外の現物給与として取り扱われ、その現物給与については、その経済的利益を評価する必要があります(暗号資産FAQ５－１)。

　ビットコインの評価については、ビットコインに円貨換算レートが存在することから、支給時の価額で評価することになります。

　ご質問の場合には、給与をビットコインで支給するとのことですから、原則として契約で決められた支給日である末日における支給時の価額にて円貨換算することになります。

　具体的な仕訳例は次のとおりです。

- 給与計算期間：月末締め・当月末払い
- 購入時レート：１BTC＝3,000,000円
- 支給時レート：１BTC＝3,200,000円

58　第２章　暗号資産の会計と税務

〔購入時〕

    (借)暗 号 資 産　　3,000,000　(貸)現金及び預金　　3,000,000

     1 BTC×3,000,000円＝3,000,000円

〔支給時〕

    (借)給　　　　　与　　3,200,000　(貸)暗 号 資 産　　3,000,000

                            暗号資産換算益　　　200,000

     1 BTC×3,200,000円＝3,200,000円

     3,200,000円－3,000,000円＝200,000円

2 法人税の取扱い

1 円貨換算

　暗号資産交換業者から送付される年間取引報告書において、暗号資産の売却・購入などを外貨で行った場合には、取引時の電信売買相場の仲値(TTM)で円貨換算した金額に基づき、各事項が記載されています(暗号資産FAQ 2 － 9)。

　これ以外に、暗号資産の円貨換算に関して明確な事例はありません。しかし、ビットコインの価格は24時間変動しているので、契約において採用する価格と時間帯などを明記し、継続適用することが求められると思われます。

2 源泉徴収事務

　源泉徴収事務においては、円貨換算後の金額を源泉徴収税額表に当てはめて源泉徴収税額を計算します。

　源泉徴収した所得税の納付については、原則として徴収日の翌月10日までに納付することが必要です。

3 消費税の取扱い

　消費税法における消費税の課税仕入の要件のうち、所得税法に規定する給与の役務提供は課税仕入れから除外されております。従って、ご質

問の、会社が従業員に支給する給与に係る消費税は、不課税となります。

　一方で、ビットコインの購入時と支給時に生じる円貨換算差額は、会計上は「純額」で処理しますが、消費税法上は暗号資産の売買取引として「総額」で処理しなければなりません。

　つまり、ビットコイン購入時においては支払対価の額が非課税仕入となり、給与支給時においては給与支給額相当額が非課税売上となります。

　消費税法上の仕訳例は次のとおりです。

・X1年4月1日…購入時レート：1BTC＝3,000,000円

・X1年4月30日…支給時レート：1BTC＝3,200,000円

〔購入時〕

　　(借)暗号資産原価　　3,000,000　　(貸)現金及び預金　　3,000,000

　　非課税仕入：3,000,000円

〔売却時〕

　　(借)給　　　　与　　3,200,000　　(貸)暗号資産売上　　3,200,000

　　給与…不課税：3,200,000円　　　　暗号資産売上…非課税売上：3,200,000円

　なお、暗号資産の譲渡は非課税売上ですが、課税売上割合を計算する上では分母に含まれないため、総額で処理することによる影響はないものと思われます。

Q 8　法人が暗号資産で寄附を実施した

当社は、社会貢献の一環としてさまざまな寄附活動を行っております。このたび、決済手数料がほとんどかからないと聞き、イーサリアムで慈善団体に寄附することを決めました。日本円で振り込んだ場合と比べて、会計及び税務上の取扱いは異なるでしょうか？

A　通常の寄附金と取扱いは変わりません。税務上は寄附した相手先の団体等の種類により損金算入額が異なります。ただし、イーサリアムの場合は、日本円で振り込んだ場合と違い、イーサリアムを送金した時の時価により円貨換算した金額で会計処理を行うことになります。

解説

1　会計上の取扱い

　企業が国や地方公共団体、公益法人、政治団体、神社仏閣など事業に直接関係のない団体等へ支払った費用については、寄附金として処理します。お尋ねのようにイーサリアムで送金した場合には、送金時の円交換レートで会計処理をすることになります。

　暗号資産は、寄附に向いているといわれていますが、その理由は、1つ目に手数料が少ない点です。世界中どこにでも送金金額にかかわらず一定の手数料で送金することができます。また、2つ目として、ブロックチェーン技術の特徴を利用することです。取引記録の全部が残っているため、透明性が高く不正が起こりにくい仕組みとなっている点や仲介者を要せず直ちに資金が届く点が、メリットとして挙げられます。最近では、2019年の西日本豪雨の被害者への支援や2022年からのウクライナへの支援などにも用いられています。

第1節　法人編　61

2 法人税の取扱い

　国や地方公共団体への寄附金と指定寄附金[2]はその全額が損金になりますが、それ以外の寄附金は一定の限度額までが損金に算入されることになります。

　寄附した相手先ごとの取扱いは次のとおりです(法法37、法令73)。

1 一般の寄附金

　　損金算入限度額＝

$$\left(資本金等の額 \times \frac{当期の月数}{12} \times \frac{2.5}{1000} + 所得金額 \times \frac{2.5}{100}\right) \times \frac{1}{4}$$

　(注)所得金額は、支出した寄附金の額を損金に算入しないものとして計算します。

2 国や地方公共団体に対する寄附金及び指定寄附金

　国や地方公共団体に対する寄附金及び指定寄附金は、その支払った全額が損金に算入されます。

3 特定公益増進法人[3]に対する寄附金

　特定公益増進法人に対する寄附金は、次のいずれか少ない金額が損金に算入されます。

　　①　特定公益増進法人に対する寄附金の合計

　　②　特別損金算入限度額

$$\left(資本金等の額 \times \frac{当期の月数}{12} \times \frac{3.75}{1000} + 所得金額 \times \frac{6.25}{100}\right) \times \frac{1}{2}$$

　(注)特定公益増進法人に対する寄附金のうち損金に算入されなかった金額は、1 の一般の寄附金の額に含めることになります。

2　指定寄附金とは、公益社団法人、公益財団法人その他公益を目的とする事業を行う法人または団体に対する寄附金で、広く一般に募集され、かつ公益性及び緊急性が高いものとして、財務大臣が指定したものをいいます。

3　特定公益増進法人とは、公共法人等のうち、教育または科学の振興、文化の向上、社会福祉への貢献その他公益の増進に著しく寄与するものと認められた特定公益増進法人に対する寄附金で、その法人の主たる目的である業務に関連するものをいいます。

62　第2章　暗号資産の会計と税務

4 特定公益信託の信託財産とするために支出した金銭

特定公益信託の信託財産とするために支出した金銭は寄附金とみなされ、そのうち一定の要件を満たすもの(認定特定公益信託)は、3の寄附金に含めて損金算入額を計算します。

5 認定NPO法人等に対する寄附金

認定NPO法人等に対する寄附金(指定寄附金に該当するものを除きます)は、1の寄附金に含めて損金算入額を計算します。

なお、企業版ふるさと納税制度を利用し、地域再生法における認定地方公共団体が行う「まち・ひと・しごと創生寄附活用事業」に関連する寄附金(特定寄附金)を支出した場合には、一定の金額の税額控除を受けることができます。

第1節　法人編　63

Q 9　法人が暗号資産の貸付けを行った

　当社は、資金運用の一環として、暗号資産取引所においてビットコインのレンディングを行う予定をしています。貸し付けた暗号資産に一定率を乗じた金額を利用料として受け取り、貸付期間終了時には同種及び同等の暗号資産が返還される予定です。また、貸付期間が終了するまでは、当社は譲渡ができない契約となっております。この場合の会計及び税務上の取扱いはどのようになるでしょうか？

　なお、ビットコインのレンディングにあたっては、国内の販売所で購入し貸し付ける予定です。

A　暗号資産取引所へビットコインを貸し付けるために、ビットコインを購入した時点では、「暗号資産勘定」等の勘定科目で表示することになります。実際に暗号資産取引所へ貸付けした時点で、「貸付暗号資産勘定」などの勘定科目で貸借対照表に区分表示することになります。また、受け取った利用料は利子を対価とする金銭の貸付け等ではないため、消費税の課税対象となります。

解説

1　会計上の取扱い

　一般的に、レンディングにおける利用料の年率は、銀行預金金利等よりも高い利率設定となっていることが多く、また、暗号資産を直接売買する取引より安定して利益を受け取ることができます。ただし、貸出期間中に大幅な価格変動が起きた際には、原則として途中解約ができないことが多いので注意が必要です。

　暗号資産取引所へビットコインを貸し付ける場合には、貸付け時において会社が購入し保有しているビットコインを時価で暗号資産取引所に

64　第2章　暗号資産の会計と税務

預けることになりますので、送金時の交換レートで円換算した金額を「貸付暗号資産勘定」などの勘定科目に振り替えて、区分管理し、簿価と時価との差額を損益取引として認識することになると考えられます。

　また、期末時に保有する貸付けしたビットコインについては、暗号資産の将来的な価格変動リスク等を自社が負うため、自己の計算において暗号資産を有するものと考えられるため、「暗号資産の会計処理等の取扱い」に従って時価処理することになります(暗資会計基準5項)。

　ご質問の場合、仮に10BTCを暗号資産取引所へ貸付けした時には、購入したビットコインを一度精算したものと考えられますので、その際の交換レートで円貨換算し円建ての金額を認識し、貸付暗号資産等の新しい資産勘定に振り替えます。

　そして、貸付暗号資産の貸し出し期間が終了し、手数料を上乗せされて返却された時には、手数料を返却時の時価で受取利息として計上するとともに、自己保有の暗号資産として時価で貸付暗号資産から振り替えることになります。

　設例の具体的な仕訳は次のとおりです。

- 購入時のレート：1 BTC＝2,800,000円(1 円＝0.00000035BTC)
- 貸付時のレート：1 BTC＝3,000,000円(1 円＝0.00000033BTC)
- 返却時のレート：1 BTC＝3,200,000円(1 円＝0.00000031BTC)

受け取った利用料は 5 % とします。

〔購入時〕

　　(借)暗 号 資 産　28,000,000　　(貸)現金及び預金　28,000,000

　　10BTC×2,800,000円＝28,000,000円

〔貸付時〕

　　(借)貸付暗号資産　30,000,000　　(貸)暗 号 資 産　28,000,000

　　　　　　　　　　　　　　　　　　　暗号資産売買等損益　 2,000,000

　　10BTC×3,000,000円＝30,000,000円
　　30,000,000円－28,000,000円＝2,000,000円

第 1 節　法人編　　**65**

〔返却時〕

(借)暗 号 資 産　32,000,000　(貸)貸付暗号資産　30,000,000
　　　　　　　　　　　　　　　　　　　暗号資産売買等損益　 2,000,000
(借)暗 号 資 産　 1,600,000　(貸)受 取 利 息　 1,600,000

　　10BTC×3,200,000円＝32,000,000円
　　32,000,000円－30,000,000円＝2,000,000円
　　10BTC× 5 ％×3,200,000円＝1,600,000円

　BTC取得時と貸付時及び貸付時と返却時との換算差額は、営業外収益または営業外費用の部において「暗号資産売買等損益」として計上するものと思われます。

　なお、期末時の評価損益は、営業外収益または営業外費用の部において「暗号資産評価損益」として計上するものと思われます。期末時の具体的な評価換算方法については、Q 5 を参照してください。

2　法人税の取扱い

　ビットコインを購入した時点では、会計上、損益に影響のない取引であるため、法人税の課税関係は生じません。

　保有しているビットコインを貸付けした時点では、会計処理と同様に帳簿価額と貸付時の時価との差額を把握し損金または益金に算入し、また、返却時においては、貸付時に時価換算した帳簿価額と返却時の時価との差額を把握し損金または益金に算入することになると考えます(法法22①)。

　ビットコインを貸し付けたまま期末を迎えた場合に、保有する暗号資産を貸し付けているものの、貸付期間中に使用料を得ることができ、また、その保有する暗号資産の将来的な価格変動リスク等を自社が負うため、自己の計算においてビットコインを有するものと考えられます(期末評価Q&A 5)。従って、法人税法上も期末時価評価の対象となり、評価額と帳簿価額との差額を益金の額または損金の額に算入することとな

66　第 2 章　暗号資産の会計と税務

ります(法法61②③、法令118の7、118の8)。

3 消費税の取扱い

　ビットコインを購入する取引は、非課税仕入となります。また、購入したビットコインを貸付けする取引は、一度、ビットコインを売却して円貨に交換し、交換した円貨を貸付けする取引と同様と考えられるため、円貨換算した総額が非課税売上となります。上記例の場合、貸付時の円貨換算額の30,000,000円が非課税売上となります。

　暗号資産の非課税売上は、課税売上割合を計算する上では、支払手段であり分母に含まれないため、総額で非課税売上を認識することによる課税上の影響はないものと思われます。

　さらに、貸付期間満了後に、貸し付けた暗号資産と同種及び同等の暗号資産が返還されるとともに、利用料が支払われることが規定されている場合には、事業者が対価を得て行う「資産の貸付け」に該当します。ただし、貸付けにかかる利用料は、支払手段(暗号資産)の譲渡、利子を対価とする金銭の貸付け及び有価証券の貸付けのほか、消費税法別表第一に掲げる非課税取引のいずれにも該当しませんので、課税対象取引となります(暗号資産FAQ6-2)。

第1節　法人編　**67**

Q 10 法人が貸付金の送金手段として暗号資産を使用した

　当社は、米国の海外子会社に対する資金援助のため、定期的に貸付金として資金送金しています。送金の頻度が多く、送金手数料の負担が重たくなっています。そこで、ビットコインで送金することにより手数料を抑えたいと考えております。この場合の会計及び税務上の取扱いはどのようになるでしょうか？

　なお、ビットコインの送金にあたっては、国内の販売所で購入し送金する予定です。

A　海外子会社への貸付金をビットコインで送金するために、ビットコインを購入した時点では、「暗号資産勘定」等の勘定科目で表示することになります。実際に子会社へ送金した時点で、BTC交換レートで円貨換算し、貸付金として貸借対照表に表示することになります。

解説

1 会計上の取扱い

　企業が金融機関を通して海外送金する際には、海外送金手数料・円為替取扱手数料等が、相当額発生します。ビットコインのメリットとして、一般的に、海外送金した場合でも手数料が安く済む点が挙げられています。

　海外子会社への送金手段としてビットコインを利用する場合には、送金時において会社が購入し保有しているビットコインをそのまま海外子会社に送金します。そのため、送金時の交換レートで円換算額を把握することになり、また、期末時に保有するビットコインについては、「暗号資産の会計処理等の取扱い」に従って時価処理することになります（暗資会計基準5項）。

68　第2章　暗号資産の会計と税務

ご質問の場合、仮に3,000万円を海外子会社へ貸付金として送金するとした時には、購入したビットコインを海外子会社へ送金した時点でビットコインを売却し円貨を送金したものと同様と考えられますので、その際の交換レートで円貨換算し円建ての金額を認識します。

　設例の具体的な仕訳は次のとおりです。

- 購入時のレート：1BTC＝2,500,000円（1円＝0.00000040BTC）
- 送金時のレート：1BTC＝3,000,000円（1円＝0.00000033BTC）

〔購入時〕

　　（借）暗 号 資 産　30,000,000　（貸）現金及び預金　30,000,000

　30,000,000円×0.00000040＝12BTC

〔送金時〕

　　（借）貸 　付 　金　30,000,000　（貸）暗 号 資 産　25,000,000

　　　　　　　　　　　　　　　　　　　　　暗号資産換算益　 5,000,000

　10BTC÷0.00000033≒30,000,000円

　30,000,000円×10BTC／12BTC＝25,000,000円

　BTC取得時と支払時との換算差額は、営業外収益または営業外費用の部において「暗号資産換算損益」として計上するものと思われます。

　当社が期末時に保有している残りの2BTCについては、「暗号資産の会計処理等の取扱い」に従い、通常使用する自己の取引実績の最も大きい暗号資産取引所または暗号資産販売所における取引価格により時価評価をすることになります（暗資会計基準9項）。

　なお、期末時の評価損益は、営業外収益または営業外費用の部において「暗号資産評価損益」として計上するものと思われます。期末時の具体的な評価換算方法については、Q5を参照してください。

② 法人税の取扱い

　ビットコインを購入した時点では、会計上、損益に影響のない取引であるため、法人税の課税関係は生じません。

第1節　法人編　69

保有しているビットコインを送金した時点では、会計処理と同様に帳簿価額と送金時の時価との差額を把握し損金または益金に算入することになると考えます(法法22①)。

また、ビットコインを期末に保有している場合に会計処理上時価評価した時は、法人税法上も保有資産の時価評価損益を計上することになりますので、法人税の申告書で別表調整する必要はありません(法法61②③、法令118の7、118の8)。詳しくはQ5を参照してください。

ただし、時価評価すべき暗号資産を期末時に保有しているにもかかわらず時価評価しない場合には、別表調整が必要です。

3 消費税の取扱い

ビットコインを購入する取引は、非課税仕入れとなります。また、購入したビットコインを送金する取引は、一度、ビットコインを売却して円貨に交換し、交換した円貨を送金する取引と同様と考えられるため、円貨換算した総額が非課税売上となります。上記例の場合、送金時の円貨換算額の30,000,000円が非課税売上となります。

暗号資産の非課税売上は、課税売上割合を計算する上では分母に含まれないため、総額で非課税売上を認識することによる課税上の影響はないものと思われます。

なお、貸付金として送金する取引自体は、資産の譲渡等に該当しないため、消費税の課税関係は生じません。

また、送金手数料に関し、通常、円貨を海外送金する場合にかかる海外送金手数料は、「外国為替業務の役務の提供」に該当するため非課税取引となります(消法6、消法別表第二)。一方で、ビットコインを海外に送金した場合に発生する国内取引所への手数料は、消費税法の非課税の規定に記載されている「外国為替及び外国貿易法に規定する外国為替業務」ではありませんので、通常の役務の提供と捉えて課税対象取引に該当するものと考えます。

70　第2章　暗号資産の会計と税務

Q 11 法人が代表者から暗号資産を借り受けた

当社は、代表者からビットコインを相対により2BTC借り入れ、そのビットコインを借入期間が終了するまで他の者に売買しながら運用することで収益を得ています。この借り入れたビットコインは、期末時価評価の対象となり、評価損益を計上する必要はありますか？

なお借り入れたビットコインのうち1BTCは期中に売却してしまい、期末までに買戻しをしなかったため、期末に保有しているビットコインは1BTCです。

A 暗号資産交換業者以外の者から借り入れたビットコインは、原則として期末時価評価の必要はありません。

ただし、その借り入れたビットコインを売却した場合において、売却した事業年度終了の時までに同種類の暗号資産(ビットコイン)の買戻しをしていないときは、期末にそのビットコインの買戻しをしたものとみなして計算した損益相当額を、売却損益に含めて調整する必要があります。

解説

1 会計上の取扱い

企業が期末に保有しているビットコインなどの活発な市場が存在する暗号資産は、期末に時価評価した価額をもって貸借対照表価額とし、帳簿価額との差額(評価差額)は、当期の損益として処理します(暗資会計基準5項)。

一方、暗号資産交換業者は、顧客から預かった暗号資産及び顧客に返還すべき債務は、貸借対照表上に計上されている資産額と負債額を期末時点の時価によって同額を時価評価しますが、資産、負債に同額を計上

第1節　法人編　**71**

しているため、評価替えによる損益は計上されません(暗資会計基準15項)。

ご質問の場合、貴社の代表者(暗号資産交換業者以外の者)から借り入れたビットコインを期末に保有している場合、将来的な価格変動リスクを貴社が負わないことから、暗号資産交換業者の期末処理に倣い、貸借対照表上に計上されている資産額と負債額を期末時点の時価によって同額評価します。

暗号資産の期末評価方法の詳細は、Q5を参照してください。

設例の具体的な仕訳は次のとおりです。

- 借入時のレート： 1 BTC＝3,000,000円
- 売却時のレート： 1 BTC＝3,500,000円
- 期末時のレート： 1 BTC＝3,200,000円

〔借入時〕

(借)暗　号　資　産　　6,000,000　　(貸)借入暗号資産　　6,000,000

2 BTC×3,000,000円＝6,000,000円

〔売却時〕

(借)現金及び預金　　3,500,000　　(貸)暗　号　資　産　　3,000,000

暗号資産換算益　　500,000

1 BTC×3,500,000円＝3,500,000円
3,500,000円－3,000,000円＝500,000円

〔期末時・保有分〕

(借)暗　号　資　産　　200,000　　(貸)借入暗号資産　　200,000

1 BTC×3,200,000円＝3,200,000円
3,200,000円－3,000,000円＝200,000円

2 法人税の取扱い

法人が事業年度終了の時において有する暗号資産のうち、活発な市場が存在する暗号資産を「自己の計算において有する」場合には、時価法に

より評価した金額をもってその時における評価額とし、その評価額と帳簿価額との差額をその事業年度の益金の額または損金の額に算入する必要があります。

　しかし、返還を要する暗号資産の将来的な価格変動リスクを、借入れをした法人が負わないことから、一般的には「自己の計算において有する」暗号資産とは言えないため、その評価額と帳簿価額との差額をその事業年度の益金の額または損金の額に算入する必要はありません。

　なお、借入れをした法人が、借り入れた暗号資産を売却し、事業年度終了の時までに同じ種類の暗号資産の買戻しをしていないときは、期末において買戻しをしたものとみなして計算した損益相当額を、売却時の損益に含めて調整します(法法61⑧)。この取扱いは、2023年4月1日以降の開始事業年度から適用されました(期末評価Q&A6)。

　ご質問の場合、期末に保有している1BTCは時価評価しますが、評価差額は益金の額または損金の額に算入しません。

　また、貴社の代表者から借り入れて売却した1BTCを、事業年度終了時までに同種類の暗号資産であるビットコインの買戻しをしていないため、期末において買戻しをしたものとみなして計算した損益相当額を、売却損益に含めて調整します。

　なお、「❶　会計上の取扱い」での具体例について、会計上、期末における買戻し損益相当額を計上していないときは、法人税法上、別表調整が必要です。

　申告書の記載方法は次のとおりです。

第1節　法人編　**73**

【法人税の申告書の記載例】

〈別表四　所得の金額の計算に関する明細書〉

区分		総額	処分	
			留保	社外流出
当期利益又は当期欠損の額		…		
減算	暗号資産買戻しみなし損の損金算入	200,000	200,000	

〈別表五(一)　利益積立金額及び資本金等の額の計算に関する明細書〉

I　利益積立金額の計算に関する明細書				
区分	期首現在利益積立金額	当期の増減		差引翌期首現在利益積立金額
		減	増	
借入暗号資産			△200,000	△200,000

　法人の代表者が暗号資産をその法人に貸し付けた場合については、Q28を参照してください。

Q 12 ICOによる資金調達の検討

当社は人工知能を搭載した製品の開発を手掛けるベンチャー企業ですが、新たな開発資金をICOによって調達できないか検討しています。日本におけるICOに対する法整備の現状などについて教えてください。

A 2017年〜2018年がICOの世界的な実施のピークでしたが、その後、不正なICOプロジェクトが横行したことなどから、各国が規制に動き、現在は、世界的にICOの実施が激減しています。また、日本では、現在までにICOの実施例が数件しかなく、定着したスキームとはいえなかったことから、会計基準の制定等が遅れていましたが、その後資金決済法、金融商品取引法において、ICOの規制に関する改正が行われたことから、会計処理の検討も徐々にではありますが進んでいます。

解 説

1 ICOとは何か

ICOとは「Initial Coin Offering」の略で、これは株式公開(Initial Public Offering)になぞらえた用語で、電子的にトークン(証票)を発行して、広く公衆より資金調達を行う手段のことです。まだ、歴史の浅いスキームであるため、その実施方法も個別性が強く、明確なルールが確立されていない状況ですが、会計、税務の観点からは、COIN(トークン)を発行する企業が負う債務の有無等によって次の3つの類型に区分されます。

第1節 法人編 **75**

投資型	発行者となる企業が、将来の事業収益について、投資家に分配する債務を負うトークン(セキュリティトークンと呼ばれる)を発行
その他の権利型	事業収益ではなく、物やサービスの提供といったその他の債務を負うトークン(ユーティリティトークンと呼ばれる)を発行
無権利型	発行者となる企業は債務を負わないトークンを発行、投資家は純粋に値上がり益を求めるスキーム

2 ICOに対する法規制

1 金融商品取引法

1．集団投資スキームに該当する場合の規制

　2019年に成立した「情報通信技術の進展に伴う金融取引の多様化に対応するための資金決済に関する法律等の一部を改正する法律」(令和元年法律第28号)により、金商法が改正され、収益分配を受ける権利が付与されたトークンによるICOについて、金商法第2条第2項第5号に規定する集団投資スキームに該当する場合、金商法の規制対象となりました。集団投資スキームに該当する要件は次のとおりです。

① 権利を有する者が金銭等を出資または拠出すること
② 出資または拠出された金銭等を充当して事業(出資対象事業)が営まれること
③ 権利を有する者が、出資対象事業から生じる収益の配当または当該出資対象事業に係る財産の分配を受けることができる権利を有すること

　集団投資スキームに該当する場合、金商法の規制の対象となり、売買等を行う業者は、第二種金融商品取引業の登録が必要になることのほか、発行者による投資家への情報開示の制度やトークンの売買の仲介業者に対する販売・勧誘規制等の対象となります。また、金商法第2条の

76　第2章　暗号資産の会計と税務

２で定義する「金銭」には暗号資産が含まれることが2019年改正により明文化され、暗号資産を出資する行為についても金商法の適用対象となることが明確化されています。

　これによって、❶の表の投資型のICOについては、ほぼ、金商法の規制の対象なると考えられます。

２．電子記録移転有価証券表示権利等に該当する場合の規制

　また、金商法第２条第２項のみなし有価証券（第二項有価証券）のうち、電子情報処理組織を用いて移転することができる財産的価値（電子機器その他の物に電子的方法により記録されるものに限る）に表示されるもの（所謂、トークン化されたもの）について、電子記録移転権利という新しい定義によって規定しました。また、内閣府令によってこの電子記録移転権利よりさらに広い定義として、金商法第２条第１項の有価証券を含めて上記のトークン化されたものを電子記録移転有価証券表示債権等としました。この改正の結果、電子記録移転有価証券表示権利等は、次の３つの類型に区分され、それぞれ規制の対象となります。

区　分		定　義	規　制
トークン化有価証券		トークン化された第一項有価証券	第一種金融商品取引業として規制の対象
	電子記録移転権利	トークン化された第一項有価証券（集団投資スキーム等の権利に該当するものに限る）（改正前は第二項有価証券）	
	適用除外電子記録移転権利	一定の範囲の投資家以外の者には、トークンを取得、移転できない技術的措置（取得制限、譲渡制限）が取られたもの等	第二種金融商品取引業として規制の対象

　上記の改正によって、金商法第２条第２項のみなし有価証券である集

第１節　法人編　**77**

団投資スキームであっても電子情報処理組織を用いて移転することができる財産的価値(電子機器その他の物に電子的方法により記録されるものに限る)に表示されるもの(いわゆるトークン化されたもの)については、電子記録移転権利となり、第一項有価証券に該当して第一種金融商品取引業として規制の対象となりました。この改正によって、投資型のICOは、第一種金融商品取引業として規制の対象になると考えられます。

2 資金決済に関する法律

　金融商品取引法の規制の対象とならないICOのうち、ICOによって発行されるトークンが資金決済法に規定する暗号資産に該当する場合には、資金決済法の規制されることになります。具体的には、❶の表のうち「投資型」以外の「その他の権利型」や「無権利型」のICOについても資金決済法の法規制が適用される可能性があることになります。なお、ICOトークンが、資金決済法の「暗号資産」に該当する要件は、次のとおりです。

〈資金決済法第 2 条第14項(暗号資産の定義)〉

---

①　物品等を購入し、若しくは借り受け、又は役務の提供を受ける場合に、これらの代価の弁済のために不特定の者に対して使用することができ、かつ、不特定の者を相手方として購入及び売却を行うことができる財産的価値(電子機器その他の物に電子的方法により記録されているものに限り、本邦通貨及び外国通貨、通貨建資産並びに電子決済手段(通貨建資産に該当するものを除く。)を除く。次号において同じ。)であって、電子情報処理組織を用いて移転することができるもの

②　不特定の者を相手方として前号に掲げるものと相互に交換を行うことができる財産的価値であって、電子情報処理組織を用いて移転することができるもの

　ICOトークンが暗号資産に該当する場合、売買を行うためには、暗号資産交換業の登録が必要であり、情報の安全管理義務、利用者の保護義務、分別管理義務等の規制の対象となります。

3 会計上の取扱い

　2018年3月に公開された仮想通貨会計基準では、草案に対するパブリックコメントとして最も多く寄せられたのがICOに関する取扱いについてでしたが、策定時点でICOの事例、類型が定まっておらず会計基準の制定は時期尚早とされ、会計基準の範囲から除かれました(暗資会計基準3項)。

　その後の金商法の改正の動きは、上記のとおりですが、この金商法の改正を受けて、企業会計基準委員会では、2022年3月に「資金決済法上の暗号資産又は金融商品取引法上の電子記録移転権利に該当する ICOトークンの発行及び保有に係る会計処理に関する論点の整理」を公表しました。この報告書では、4つの論点が整理されていますが、実務上、最も重要なのは、論点2の「ICOトークンの発行者における発行時の会計処理」です(4つの論点については30頁の表を参照してください)。

　ICOトークンの発行時に発行者が何ら義務を負担していない場合とICOトークンの発行時に発行者が何らかの義務を負担している場合に区分し、何らかの義務を負担している場合でも、その負担する義務の財又はサービスの価値が調達した資金の額に比べて僅少である場合に注目して論点整理がなされています。実務上のICOが、投資家にとって、主に将来、ICOトークンを他者に売却した場合の値上がり益を期待して投資されるものであり、負担している義務の価値が明らかに調達した資金の額に著しき僅少な場合に、①伝統的な会計の考え方である契約自由の原則の下で自発的に発生した独立第三者間取引においては経済的に等価交換が成立しているものとして取り扱い、差額としての損益の認識を行わない処理と、②将来の値上がり期待が取引の動機とした場合、等価交換が常に成立しているとて取り扱わず、契約によって発行者に生じた権利、義務をそれぞれ時価評価し、その結果、両者に差額がある場合には、発行時において損益を認識する処理のふたつが検討されていま

第1節　法人編　**79**

す。今後の方向性として、実態に照らして、発行時に利益が生じる会計
処理を定めるべきか検討することとされています。

　また、金商法において、新たに定義された電子記録移転有価証券表示
権利等の会計処理については、2022年8月に企業会計基準委員会より
実務対応報告第43号「電子記録移転有価証券表示債権等の発行及び保有
の会計処理及び開示に関する取扱い」が公表されています。電子記録移
転有価証券表示権利等については、その発行及び保有がいわゆるブロッ
クチェーン技術等を用いて行われる点を除けば、従来のみなし有価証券
と権利の内容は同一と考えられるため、電子記録移転有価証券表示権利
等の発行及び保有の会計処理は、基本的に従来のみなし有価証券の発行
及び保有の会計処理と同様に取り扱うこととされました。

④　法人税の取扱い

　税務上もICOの取扱いについて、執筆時点において定まった規定は
ありませんが、会計処理と同意に、ICOトークンの発行時点において
損益を認識し、課税関係が生じることになるか否かが、今後のICOの
日本における普及にも大きな影響があると考えています。今後は、会計
基準の策定と歩調を合わせて検討されるものと思われます。

⑤　消費税の取扱い

　ICOトークンが資金決済法に定義する暗号資産の範囲に含まれる場
合は、支払手段に該当し非課税取引に区分されますが、資金決済法に定
義する暗号資産に含まれない場合は、課税取引に区分されることになり
ます。

Q 13 暗号資産払いの領収書に印紙は必要か

当社は、飲食店を経営しています。お客様の利便性向上のため、このほど暗号資産決済を導入しました。そのため暗号資産で支払われたお客様から領収書を求められることがあり、円表示の領収書を発行していますが、現金払いと同様のルールで印紙は必要でしょうか？

A 暗号資産による支払いであることを領収書に記載すれば、記載金額にかかわらず印紙の貼付は必要ありません。

解 説

1 領収書発行の場合の印紙の基本

売上代金として金銭や有価証券を受け取った場合に発行する領収書には、原則として印紙の貼付が必要ですが、次の場合は印紙の貼付が必要ありません。

【印紙の貼付が必要ない場合】

> ① 記載金額が5万円未満の場合
> 　領収書の中で消費税額が区分されている場合は、税抜金額で判定します。
> ② 慈善や学術などの営業以外が目的の行為に係る領収書
> 　紛らわしいものとして、医療法人や医師等の医療関係の業務、弁護士、税理士等の士業が発行する領収書なども、営業に関しない領収書として取り扱われ、印紙の貼付は必要ありません。
> ③ クレジットカード払いの際の領収書
> 　クレジットカード払い時に実際の金銭等の受領が行われないため領収書にクレジット払いであることを明示することにより印紙は不要となります。

第1節　法人編　81

なお、銀行振込の場合や即時決済型のデビットカードによる支払いの場合は、金銭の受領に該当するため、印紙が必要になります。

2　暗号資産払いの領収書

　暗号資産は、現在の日本の法律では、支払手段と定義され、金銭でも有価証券でもありません。そのため、暗号資産での支払いを受けた際の領収書は、金銭や有価証券を受け取った場合に発行する領収書には該当せず、現行の印紙税法によれば、印紙の貼付は不要になります。

　なお、実務上の取扱いとして、クレジットカードでの支払いの場合と同様に、暗号資産での支払いであることを領収書に記載しておくことが必要になると思われます。

Q 14 企業が保有する暗号資産に係る決算書の個別注記表への記載

当社は人材派遣業を営む非上場企業ですが、余剰資金の運用目的で暗号資産を保有しています。決算書を作成するにあたって、個別注記表への特別な記載は必要でしょうか？

A 個別注記表において、活発な市場が存在する暗号資産と活発な市場が存在しない暗号資産の別に、暗号資産の種類ごとの保有数量及び貸借対照表価額を開示する必要があります。

解説

　個別注記表とは、会社法で定められた計算書類のひとつで、他の計算書類(貸借対照表、損益計算書、株主資本等変動計算書)を作成するにあたって採用した会計処理の方法その他詳細な情報を個別に記載することによって、計算書類の利用者の理解を補助するものです。

　会計監査人設置会社では、会社計算規則で定める全ての注記項目について記載が義務付けされていますが、会計監査人非設置会社については、公開会社と非公開会社の別によって開示が義務付けされている注記項目が次ページの表のとおり異なります。

　会計監査人非設置会社について、公開会社・非公開会社の区分別に、○は記載が義務付けられている項目、×が記載を義務付けされていない項目になります。

第1節　法人編　83

【会計監査人非設置会社における注記表の記載項目】

注記項目	公開会社	非公開会社
継続企業の前提に関する注記	×	×
重要な会計方針に係る事項に関する注記	○	○
会計方針の変更に関する注記	○	○
表示方法の変更に関する注記	○	○
会計上の見積りの変更に関する注記	×	×
誤謬の訂正に関する注記（※）	○	○
貸借対照表に関する注記	○	×
損益計算書に関する注記	○	×
株主資本等変動計算書に関する注記	○	○
税効果会計に関する注記	○	×
リースにより使用する固定資産に関する注記	○	×
金融商品に関する注記	○	×
賃貸不動産に関する注記	○	×
持分法損益等に関する注記	×	×
関連当事者との取引に関する注記	○	×
一株当たり情報に関する注記	○	×
重要な後発事項に関する注記	○	×
連結配当規制適用会社に関する注記	×	×
その他の注記	○	○

※　企業会計基準第24号「会計方針の開示、会計上の変更及び誤謬の訂正に関する
　　会計基準」に基づく会計処理を行う場合に注記が必要になります。

1 会計上の取扱い

　仮通会計基準では、企業が期末日に保有する暗号資産及び暗号資産交換業者が預託者から預かっている暗号資産について、次の事項を注記することとされています。

① 　暗号資産交換業者または暗号資産利用業者が期末日において保有する暗号資産の貸借対照表価額の合計額

② 　暗号資産交換業者が預託者から預かっている暗号資産の貸借対照表価額の合計額

③ 　暗号資産交換業者または暗号資産利用業者が期末日において保有する暗号資産について、活発な市場が存在する暗号資産と活発な市場が存在しない暗号資産の別に、暗号資産の種類ごとの保有数量及び貸借対照表価額、ただし、貸借対照表価額が僅少な暗号資産については、貸借対照表価額を集約して記載することができる。

　また、暗号資産交換業者は、暗号資産交換業者の期末日において保有する暗号資産の貸借対照表価額の合計額及び預託者から預かっている暗号資産の貸借対照表価額の合計額を合算した額が資産総額に比して重要でない場合、注記を省略することができます。また、暗号資産利用者の期末日において保有する暗号資産の貸借対照表価額の合計額が資産総額に比して重要でない場合、注記を省略することができます(暗資会計基準17項)。

　暗号資産について、注記事項が規定された背景として、次のふたつの理由が挙げられています。

① 　暗号資産が外国通貨や金融資産と比較して価格変動リスクが大きく、取引や流通の基礎となる仕組みに内在する消失・価値減少リスクなどが存在し、またこれらのリスクは暗号資産の種類ごとに異なると考えられるため

② 　同一種類の暗号資産であっても複数の暗号資産取引所、または暗

第1節　法人編　85

号資産販売所で異なる取引価額等が形成される可能性があるため、暗号資産交換業者及び暗号資産利用者が用いた期末評価の暗号資産の種類ごとの開示は、財務諸表利用者にとって有益な情報となるため(暗資会計基準63項)

なお、暗資会計基準では、暗号資産交換業者が預託者から預かっている暗号資産については、種類別開示まで求められていませんが、預託者から預かっている暗号資産については価格変動リスクを負っていないからと考えられます。

暗号資産に関する注記は、他の注記項目とは独立した1項目として区分されているため、会計監査設置会社、非設置会社の別もしくは公開会社、非会社の別にかかわらず全て法人に記載が義務付けられていますが、残高が総資産額に比して重要でない場合は、注記を省略できることになっています。

② 法人税の取扱い

法人税法では、申告書に添付する方法で、勘定科目内訳明細書の作成、提出が義務付けられています。

勘定科目内訳明細書における暗号資産の記載方法について、明確な規定はなく、記載が強制されるものではありませんが、暗号資産は、その保有目的別に貸借対照表の当座資産、棚卸資産、投資その他の資産に記載されますが、その記載箇所に応じて適切な勘定科目内訳明細書に、暗号資産の種類ごとに期末残高を記載することが望ましいと考えられます。

また、ICOトークンのうち、みなし有価証券に該当するものについては、勘定科目内訳明細書の有価証券の内訳書に記載する対応が必要になると考えられます。

【暗号資産交換業者の個別注記表の記載例】

(暗号通貨に関する注記)
1．期末日において保有する暗号通貨の貸借対照表価額
2．期末日において預託者からの預かり暗号通貨の貸借対照表価額
3．期末日において保有する暗号通貨の種類別価額

暗号通貨の種類	保有数量	貸借対照表価額
活発な市場が存在する暗号通貨		
ビットコイン	3.5BTC	13,149千円
イーサリアム	14.8ETH	3,562千円
	合計	16,711千円
活発な市場が存在しない暗号通貨		
タムコイン	35.4TMC	9,019千円
	合計	9,019千円
貸借対照表価額		25,731千円

第1節　法人編　87

第**2**節 │ **個人編**

Q 15 投資目的で保有する暗号資産を売却した

　私は、総合商社に勤める会社員です。今年から投資目的で取引所に口座を開設し、ビットコインを保有しています。ビットコインの相場によっては売却を考えていますが、税務上はどのように扱われますか？

A　ビットコインの売却によって得た利益は、所得税の課税対象となり、原則として雑所得（その他雑所得）に区分され、確定申告が必要となる場合があります。

　なお、その年の暗号資産取引に係る収入金額が300万円を超える場合には、雑所得(その他雑所得)とはならず、暗号資産取引に係る帳簿書類の保存がある場合には原則として事業所得となり、帳簿書類の保存がない場合には原則として雑所得(業務に係る雑所得)となります。

解説

1 所得税の取扱い

　所得税法における所得とは、一定期間において納税者が稼得した経済的利益とされており、その所得の性格によって、利子所得、配当所得、不動産所得、事業所得、給与所得、退職所得、山林所得、譲渡所得、一時所得、雑所得の10種類に分類されます。

　そして、この10種類の所得のいずれに該当するかによって確定申告をする際の計算方法が異なります。

　そこで、ご質問のようなケースにおいて保有するビットコインを取引

88　第2章　暗号資産の会計と税務

所や販売所で売却した場合に、10種類の所得のいずれに該当するかということですが、これについては国税庁が以下の回答を示しています。

〈暗号資産FAQ〉

> 2－2　暗号資産取引の所得区分
>
> 　暗号資産取引により生じた損益は、邦貨又は外貨との相対的な関係により認識される損益と認められますので、原則として、雑所得(その他雑所得)に区分されます。
>
> 　ただし、その年の暗号資産取引に係る収入金額が300万円を超える場合には、次の所得に区分されます。
> - 暗号資産取引に係る帳簿書類の保存がある場合…原則として、事業所得
> - 暗号資産取引に係る帳簿書類の保存がない場合…原則として、雑所得(業務に係る雑所得)

　なお、暗号資産取引が事業所得等の基因となる行為に付随したものである場合、例えば、事業所得者が、事業用資産として暗号資産を保有し、棚卸資産等の購入の際の決済手段として暗号資産を使用した場合は、事業所得に区分されます。

　したがって、ご質問のような会社員の方が投資目的で保有するビットコインを取引所や販売所で売却した場合には、事業所得等の各種所得の基因となる行為に付随して生じたものではないことから、事業所得等には該当せず、原則として雑所得(その他雑所得)となります。

　事業所得と雑所得の区分についての詳細は、Q29を参照してください。

　ビットコインの売却による利益または損失の計算式は以下のとおりとなります。

　ビットコインの売却金額－ビットコインの取得価額

　　＝売却益(マイナスの場合は売却損)

　上記の計算式を具体的な事例に当てはめると、以下のとおりとなりま

す。

(1) 前提条件

2023年1月に1BTCを購入(1BTC＝3,000,000円)

2023年5月に1BTCを売却(1BTC＝3,700,000円)

(2) 売却損益の計算

3,700,000円－3,000,000円＝700,000円(雑所得の金額)

　上記の計算式でいう売却金額は、ビットコインを売却した金額となります。これに対して、ビットコインの取得価額はビットコインを購入した時の金額となります。

　ここで、ビットコインを1度しか購入していなければ計算は単純ですが、仮にビットコインを複数回にわたって購入した場合に、取得価額はどのように計算したらいいのかという問題が生じます。

　複数回にわたって購入した場合における取得価額の計算方法については、暗号資産FAQの2－4において、「譲渡原価は、暗号資産の種類(名称：ビットコインなど)ごとに、「①前年から繰り越した年初(1月1日)時点で保有する暗号資産の評価額」と「②その年中に取得した暗号資産の取得価額の総額」との合計額から、「③年末(12月31日)時点で保有する暗号資産の評価額」を差し引いて計算します。この「年末時点で保有する暗号資産の評価額」は、その保有する暗号資産の「年末時点での1単位当たりの取得価額」に「年末時点で保有する数量」を乗じて求めますが、「年末時点での1単位当たりの取得価額」は、「総平均法」又は「移動平均法」のいずれかの評価方法により算出することとされています。」と説明されています。この総平均法と移動平均法は届出をすることにより選択可能となりますが、所得税法上では総平均法が法定評価方法とされています。

　結果として、売却により利益が出た場合は雑所得(その他雑所得)に該当することとなりますが、会社員の方で1か所からのみ給与の支払いを

90　第2章　暗号資産の会計と税務

受けており、年末調整が完了している場合には、給与所得及び退職所得以外の所得金額の合計額が20万円以下であれば、確定申告が不要になります。

ただし、住民税においては給与所得及び退職所得以外の所得金額の合計額が20万円以下であれば申告が不要となる制度はありませんので、住民税の申告は原則として必要になります。

これに対して、ビットコインの売買により損失が出ていた場合には、同一所得内での損益の相殺は可能となりますので、他に年金等の雑所得がある場合には、ビットコインの売買による損失と年金等の雑所得については、相殺(いわゆる内部通算)が可能となります。

なお、給与所得との損益通算を行うことはできません。

2　消費税の取扱い

支払手段及びこれに類するものの譲渡は消費税法上、非課税取引とされています。 国内の取引所における暗号資産の譲渡は支払手段等の譲渡に該当することとされているため、消費税は非課税取引となります。

従って、ご質問の場合においても消費税は非課税取引となります。

Q 16 ビットコインから分裂（分岐）したビットコインキャッシュを取引所（販売所）で売却した

私は、食品会社に勤める会社員です。以前から投資目的でビットコインを保有していたところ、2017年8月の分裂により、新たに誕生したビットコインキャッシュを取得しましたが、このほど、そのビットコインキャッシュを取引所で売却しました。税金上はどのような取扱いになるでしょうか？

A ビットコインキャッシュを取得した時点で課税はなく、ビットコインキャッシュを取引所等で売却した時点で課税所得（その他雑所得）を認識し、申告が必要になる場合があります。

解 説

1 所得税の取扱い

暗号資産が分裂（分岐）して新たに誕生した暗号資産を取得した場合の税務上の取扱いは次のように規定されています（暗号資産FAQ1－5）。

1 ビットコインキャッシュの取得時

税務の考え方として、新たに経済的価値があるものを取得した場合には、その取得時点の時価によって所得を認識しますが、ビットコインが分裂して新たにビットコインキャッシュが誕生した時点では、そのビットコインキャッシュには時価がなかったと考えられます。

そのため、ビットコインキャッシュの取得時点では課税関係は生じません。

2 ビットコインキャッシュの売却時

分裂によって取得したビットコインキャッシュを暗号資産取引所や暗号資産販売所で売却して利益を得た場合には、その利益は雑所得として課税されます。この雑所得の計算は、収入金額から取得価額と必要経費

92　第2章　暗号資産の会計と税務

を控除した金額になります。

　ご質問の場合はビットコインキャッシュを無償で取得しているため、控除する取得価額は０円になりますので、収入金額から必要経費を控除した金額が、雑所得になります。必要経費には、インターネットやスマートフォン等の回線利用料やパソコン等の機材の購入費などが該当する可能性があります。

　また、サラリーマンの方で、収入が給与のみで年末調整を受けるため確定申告の必要がない方については、上記雑所得の金額が20万円以下であれば申告を要しないことになっています。なお、暗号資産の売却による所得税の取扱いの詳細については、Q15を参照してください。

　暗号資産が分裂して新たな暗号資産が誕生した場合に、分裂前の暗号資産の所有者に配布されるかどうかは、各暗号資産取引所の判断によりますし、その配布の時期もまちまちです。

　そのため2017年８月のビットコインからビットコインキャッシュが分裂した時のように分裂後すぐに新暗号資産が配布される場合と異なり、分裂後ある程度期間が経過して、他の取引所での取引価額がある時点で新暗号資産が配布される場合も想定され、その場合は、配布時点ですでに時価があるため雑所得を認識する必要がないかどうかについては、新たな判断が示される可能性も考えられます。

② 消費税の取扱い

　暗号資産が分岐して新たな暗号資産を取得する取引及びその暗号資産を売却する取引は、消費税の非課税取引になります(消法６①)。

第２節　個人編　93

Q 17 暗号資産に対する情報照会等の規定整備

当社は、国内の暗号資産交換業者を通じて暗号資産の取引を継続的に行っています。暗号資産については、暗号資産交換業者を想定した特別な情報照会制度があり、暗号資産に関する税務関係の調査体制が強化されていると聞きましたが、詳細を教えてください。

A 令和元(2019)年度税制改正において国税通則法が改正され、2020年1月から、税務調査の対象となり得る個人を特定できていない場合でも、情報を有するとみられる法人等に情報提供の協力を要請できることが法令上明確化され、一定の場合は情報の報告を拒否した際に罰則を適用する規定が新たに設けられました。この改正は、主に暗号資産交換業者等への情報照会を想定したものといわれています。

解説

1 税制改正の内容

令和元(2019)年度税制改正によって、国税通則法第7章の2(国税の調査)に第74条の7の2(特定事業者等への報告の求め)が新設されました。

これにより、所轄国税局長は特定取引(※1)の相手先となり、また、取引の場を提供する事業者(特別の法律により設立された法人を含む)または官公署(以下「特定事業者等」という)に、次のいずれかに該当する場合に限り、特定取引者(※2)の氏名または名称、住所または居所及び個人番号または法人番号につき、特定取引者の範囲を定め、60日を超えない範囲内においてその準備に通常要する日数を勘案して定める日までに、報告することを求めることができることとされました。

① 特定取引者が行う特定取引と同種の取引を行う者に対する国税に関する過去の調査において、当該取引に係る課税標準が1,000万円

94　第2章　暗号資産の会計と税務

を超える者のうち半数を超える数の者について、当該取引に係る課税標準等または税額等につき更正決定等をすべきと認められている場合

②　特定取引者がその行う特定取引に係る物品または役務を用いることにより課税標準等または税額等について国税に関する法律の規定に違反する事実を生じさせることが推測される場合

③　特定取引者が行う特定取引の態様が経済的必要性の観点から通常の場合にはとられない不合理なものであることから、当該特定取引者が当該特定取引に係る課税標準等または税額等について国税に関する法律の規定に違反する事実を生じさせることが推測される場合

※1　特定取引とは、電子情報処理組織を使用して行われる取引その他の取引のうちこの規定による処分によらなければこれらの取引を行う者を特定することが困難である取引をいう。

※2　特定取引者とは、特定取引を行う者をいい、上記の①に該当する場合は、1,000万円の課税標準を生じ得る取引金額を超える特定取引を行う者に限る。

所轄国税局長は、この処分をしようとする場合には、あらかじめ国税庁長官の承認を受けなければならないこと、特定事業者等に対し報告を求める事項等を書面で通知することにより行うこと、特定事業者等の事務負担に配慮しなければならないことが規定されました。

また、事業者が、この所轄国税局長の求めに対して、正当な理由がなく応じなかった場合、または偽りの報告をした場合は、1年以下の懲役または50万円以下の罰金に処することとされました（通法128三）。

2　改正の背景

通常、税務調査において、対象者となる個人が特定されている場合は、金融機関等へ口座情報等の照会が可能でしたが、申告漏れ等が想定される個人が特定できていない場合は、税法上の根拠となる法令がなく、任意の協力を要請するに留まっていました。令和元(2019)年の改正では、金融機関のみならず暗号資産交換者など広く民間企業も含めて

第2節　個人編　95

情報提供の協力要請対象となることが明確化されました。

　具体的には、❶で解説した特定取引者(暗号資産事業者、動画サイト事業者、アフィリエイト等の広告事業者、金地金の取引事業者などを想定)が行う特定取引について、情報提供を求めることができることなり、また、特定取引者が応じない場合の罰則規定も設けられ、一定の強制力を持って情報照会が可能となったことは、調査手続に大きな影響があると考えられます。

Q 18 投資目的で保有するビットコインに含み益（含み損）がある

私は、メーカー勤務の会社員です。今年から副収入を得る目的でビットコインを保有しています。現在のところ含み益がありますが、税務上はどのように取り扱われますか？　また、逆に含み損が出た場合にはどのように取り扱われるのでしょうか？

A 所得税法では、原則として所得の起因となる資産の引渡しがあった日を総収入金額の収入すべき時期として規定しています。従って、ビットコインの売却や他の暗号資産との交換等を行わず、単に保有している状態では含み益または含み損があったとしても、所得税法において課税関係は生じません。

解説

1 所得税の取扱い

所得税法では、所得税法第36条においてその年分の各種所得の金額の計算上収入金額または総収入金額[4]に算入すべき金額を定めています。さらに、所得税法基本通達において収入金額の収入すべき時期を細かく規定しています。

ビットコインの売却による収入については、事業所得等の各種所得の基因となる行為に付随して生じる場合を除き、原則として、雑所得（その他雑所得）となります。

この雑所得の収入すべき時期については、所得税基本通達36−14において規定されており、公的年金等以外の雑所得については、第2項において「その収入の態様に応じ、他の所得の収入金額又は総収入金額の

4　所得税において利子所得、配当所得、給与所得、退職所得については収入金額という文言を用い、その他の所得は総収入金額という文言を用いています。

第2節　個人編　97

収入すべき時期の取扱いに準じて判定した日」となっています。

また、暗号資産FAQ中の「2－1　暗号資産取引による所得の総収入金額の収入すべき時期」において、「原則として売却等をした暗号資産の引渡しがあった日の属する年分となります。ただし、選択により、その暗号資産の売却等に関する契約をした日の属する年分とすることもできます。」と回答しています。

このことから、資産の引渡しの事実に基づいて収入すべき時期を判定することになりますので、資産の引渡しの事実が無く、保有し続けている状態での含み益または含み損については、収入すべき時期が到来していませんので、所得税法において課税関係は生じません。

なお、「納税者の選択により、当該資産の譲渡に関する契約の効力発生の日…により総収入金額に算入して申告があったときは、これを認める。」とも規定されていますが、この場合でも資産の引渡しに係る契約締結を前提としていますので、保有しているだけで資産の引渡しにかかる契約をしていない場合にもこのことには該当しないこととなります。

2　消費税の取扱い

ご質問の場合においては、そもそも資産の引渡しの事実が発生しておらず、保有している資産における含み益または含み損の認識は、資産の譲渡等に該当しないため、消費税については課税対象外になります。

Q 19 投資目的で保有する暗号資産の証拠金取引で売却益がある

私は、広告代理店に勤める会社員です。現在、暗号資産のビットコインへ投資しており、取引所を通じたビットコインの現物取引の他にビットコインの証拠金取引もしています。今回、ビットコインの証拠金取引において売却益が出ていますが、税務上の取扱いはどうなるのでしょうか?

A 暗号資産の証拠金取引における個人の税制については、特段、現物の取引と異なるところはなく、年末までに実際に決済された取引に係る所得を認識し、未決済の取引については、実際に決済されるまで所得を認識しません。

また、外国為替証拠金取引や一定の金融商品先物取引に適用される申告分離課税となる先物取引に係る雑所得等の課税の特例は適用されず総合課税による申告が必要となりますので、注意が必要です。

なお、法人が行う暗号資産の信用取引については、Q4で解説していますので、あわせて参考にしてください。

解説

1 暗号資産の証拠金取引

証拠金取引とは、取引業者へ一定の金額を差し入れることによってレバレッジを効かせ、より大きな取引を行う投資方法です。証拠金取引には、金や穀物などの商品先物取引や外国為替証拠金取引(FX取引)などがありますが、暗号資産を投資対象とした同様の取引を暗号資産FX取引といい、国内でも暗号資産交換業者が取り扱っています。

具体的には、通常、次のような取引の流れになります。

① 証拠金となる法定通貨または暗号資産を暗号資産取引所へ預け入

れます。

② 　レバレッジ(倍率)を設定して、暗号資産取引所から証拠金に応じて暗号資産が取引できる権利を受けます。

③ 　証拠金に応じたレバレッジの範囲で取引を行いますが、暗号資産の現物を売買するのではなく、買いの権利と売りの権利を取引し、その差額を決済(差金決済)します。

　2018年10月より、日本暗号資産取引業協会(JVCEA)が金融庁より認定資金決済事業者協会(自主規制団体)に認定され、自主規制を施行していましたが、2019年の金融商品取引法改正により暗号資産の証拠金取引についても外国為替証拠金取引(FX取引)と同様に、金融商品取引法上の規制(販売・勧誘規制等)が整備され、個人向け取引については証拠金倍率の上限(レバレッジ倍率)を2倍に制限されています。

　2019年5月に金商法が改正され(2020年施行)、金融商品の定義に暗号資産が含まれることになったため、暗号資産デリバティブ取引(証拠金取引)が金商法に規定する市場デリバティブ取引及び店頭デリバティブ取引に該当することになりました(金商法2㉔三の二)。

　これによって、暗号資産デリバティブ取引(証拠金取引)についても金商法に基づく取引規制(販売・勧誘等規制)が課されることになります。

❷ 所得税の取扱い

　暗号資産の取引による所得については、Q15で解説しているとおり原則として総合課税の雑所得(その他雑所得)に区分されていますが、暗号資産の証拠金取引についても、特別な取扱いはなく、同様に総合課税の雑所得として課税されます。

　証拠金取引のうち、外国為替証拠金取引や措法第41条の14で限定列挙されている一定の先物取引(商品先物取引等、金融商品先物取引等)については、所得税法において他の所得とは区分して、申告分離課税によって計算されますが、暗号資産の証拠金取引は、この措法第41条の14で

100　第2章　暗号資産の会計と税務

限定列挙されている一定の先物取引に該当しないことから、申告分離課税の対象とはならず、総合課税の雑所得に区分されることになります。

　所得を認識する時点は、外国為替証拠金取引(FX取引)の場合と同様、売り、買いの取引について反対取引が行われ、差額決済金額が確定した時点となります。売り取引もしくは買い取引のみが行われた状態(いわゆる建玉の状態)で年末を迎えた場合は、損益が未確定のため、所得は認識しません。

　また、差金決済により損失が発生した場合には、他の所得との損益通算はできませんが、総合課税の他の雑所得(公的年金等の雑所得等)があるときには、暗号資産の証拠金取引による損失と相殺されます。

　なお、相殺後に損失が残った場合は、外国為替証拠金取引(FX取引)と異なり、損失の繰越しはできません。

3　消費税の取扱い

　信用取引の場合においても、資金決済法に定義される暗号資産の売買は消費税の非課税取引となります。

Q 20 イーサリアムを取引所から自身のウォレット（または他の取引所）へ移動した

私は、ソフトウェア販売会社に勤める会社員です。現在、取引所経由でイーサリアムを購入して保有しています。このイーサリアムを私自身のウォレット（デスクトップウォレット、モバイルウォレット等）へ移動した場合や、他の取引所へ移動した場合に、税務上は所得を認識する必要はあるのでしょうか？　なお、現在は含み益がある状態です。

A 所得税法では、原則として所得の起因となる資産の引渡しがあった日を総収入金額の収入すべき時期として規定しています。そのため、イーサリアムを他の暗号資産や法定通貨等へ換金をせずに、イーサリアムとして自身のウォレットや他の取引所へ移動する行為は資産の引渡しがあったとは認められませんので、含み益があったとしても所得を認識する必要はないものと思われます。

解説

1 所得税の取扱い

所得税法では、所得税法第36条においてその年分の各種所得の金額の計算上収入金額または総収入金額に算入すべき金額を定めています。

さらに、所得税基本通達において収入金額の収入すべき時期を細かく規定しています。

暗号資産について含み益または含み損があった場合の取扱いは、Q18を参照してください。ただ、ご質問の場合には現在取引所にて保有しているイーサリアムをご自身のウォレットへ移動した場合や他の取引所へ移動した場合となりますので、「この行為をもって、資産の引渡し等に該当するかどうか」がポイントになるものと思われます。

ご質問と似たケースで、外貨預金を同一通貨のまま他の銀行へ資金移

102　第2章　暗号資産の会計と税務

動した際に為替差損益を認識するか否かにつき、所得税法施行令第167条の6第2項において次のように定められています。

　外国通貨で表示された預貯金を受け入れる銀行その他の金融機関(以下この項において「金融機関」という)を相手方とする当該預貯金に関する契約に基づき預入が行われる当該預貯金の元本に係る金銭により引き続き同一の金融機関に同一の外国通貨で行われる預貯金の預入は、所得税法第57条の3第1項に規定する外貨建取引に該当しないものとする。

　つまり、同一の金融機関に同一の外国通貨で行われる預貯金の預入は為替差損益を認識しないということです。

　さらに、国税庁が公表している質疑応答事例において、上記の所得税法施行令第167条の6第2項について「外貨建預貯金(筆者加筆)の預入及び払出は、他の金融機関へ預け入れる場合であるとしても、同一の外国通貨で行われる限り、その預入・払出は所得税法施行令167条の6第2項でいう外国通貨で行われる預貯金の預入に類するものと解され、所得税法第57条の3第1項の外貨建取引に該当しない、すなわち、為替差損益を認識しないとすることが相当と考えられます。」と回答されています。

　つまり、同一の外国通貨で預け入れや払い出しがされる場合には、同一の金融機関に限らず、他の金融機関への移動時であっても為替差損益は認識しない(所得を認識しない)ということになります。

　以上のことから、ご質問の場合においては、その対象が外国通貨ではなく暗号資産であるイーサリアムではあるものの、上記の国税庁質疑応答事例の文中における外国通貨をイーサリアムと読み替えることにより、同一のイーサリアムのまま、ご自身のウォレットや他の取引所へ移動したとしても、含み益や含み損を認識する必要はなく、所得税法上の所得は認識しないものと思われます。

第2節　個人編　103

2 消費税の取扱い

イーサリアムを取引所からご自身のウォレットや他の取引所へ移動するだけであれば、資産の譲渡等に該当しないため、消費税の課税対象とはなりません。

Q 21　飲食店の代金を暗号資産で支払った

　私は、IT関係の会社に勤める会社員です。ビットコインを投資目的で保有していますが、週末に利用した飲食店でビットコインでの支払いができたため、ビットコインで支払いをしました。税務上、何か注意することはあるのでしょうか？

A　飲食店の代金をビットコインで支払いをした場合には、支払いをした日のレートでビットコインを譲渡したことになります。そのため、ビットコインの取得時よりもレートが高い（含み益がある）場合には課税所得が認識され、原則として確定申告が必要になります。

解説

1　所得税の取扱い

　ビットコインをはじめ、暗号資産は法律上、支払手段として取り扱われます。このことから、ご質問の場合では、飲食店の代金に充てるためにビットコインを使用することになりますので、支払手段として使用したことになります。

　所得税法においては、この支払手段として使用した時点でビットコインの譲渡があったものとみなされます。これは、所得税法において資産の譲渡とは「有償無償を問わず、所有資産を移転させる一切の行為」とされており、通常の売買のほか、交換、競売、公売、代物弁済、財産分与、収用、法人に対する現物出資なども含まれるためです。

　そのため、代金の支払いを行った時点でビットコインを譲渡したことになることから、ビットコインの購入時よりも支払時のレートが高い（含み益がある）場合には、譲渡による利益（譲渡益）があると認識され、課税所得が生じることとなります。

第2節　個人編　105

逆に、ビットコインの購入時よりも支払時のレートが低い(含み損がある)場合には、譲渡による損失(譲渡損)が生じます。

飲食店の支払代金に充てる場合についても、ビットコインの譲渡価額とビットコインの譲渡原価等との差額として計算された結果、譲渡益または譲渡損がある場合には、ビットコインを取引所または販売所で売却した場合と同様に、所得税法上、原則として雑所得(その他雑所得)に該当します。詳しくは、Q15を参照してください。

なお、ご質問のケースでは飲食店でビットコインを支払手段として使用しましたが、ビットコインの使用等における取引方法ごとの原則的な取扱いについて、下記にいくつか例示しておきます。

【ビットコインの取引方法別の取扱い】

使用の方法	所得税の取扱い	課税される時期
日本円等の通貨へ換金	雑所得(事業所得になるものを除く)	換金をした時
支払手段として使用	雑所得(事業所得になるものを除く)	使用をした時
他の暗号資産と交換	雑所得(事業所得になるものを除く)	交換をした時
自身のウォレットへ移動	課税関係は生じない	―

2 消費税の取扱い

ご質問の場合において、会社員の方が飲食代金の支払手段としてビットコインを使用しただけですので、事業者が事業として行うものに該当しないため、消費税の課税対象とはなりません。

Q 22 暗号資産で海外の賃貸用不動産を購入した

私は、不動産会社に勤める会社員です。以前から副収入を得る目的でビットコインを保有していますが、保有するビットコインに随分と含み益が出ていることから、思い切ってビットコインにより米国の賃貸用不動産を購入して不動産投資を行うことを検討しています。

仮にビットコインで米国の賃貸用不動産を購入した場合に、税務上はどのように扱われるのでしょうか？

A 米国の賃貸用不動産の購入代金をビットコインで支払いをした場合には、支払いをした日の円換算レートで計算された金額によりビットコインを譲渡したことになります。そのため、ビットコインの取得時よりもレートが高い(含み益がある)場合には課税所得が認識され、原則として確定申告が必要になります。

解 説

1 所得税の取扱い

ビットコインをはじめ、暗号資産は法律上、支払手段として取り扱われます。このことから、ご質問の場合では、不動産の購入代金に充てるためにビットコインを使用することになりますので、支払手段として使用したことになります。

所得税法においては、この支払手段として使用した時点でビットコインの譲渡があったものとみなされます。これは、所得税法において資産の譲渡とは、「有償無償を問わず、所有資産を移転させる一切の行為」とされており、通常の売買のほか、交換、競売、公売、代物弁済、財産分与、収用、法人に対する現物出資なども含まれるためです。

そのため、代金の支払いを行った時点でビットコインを譲渡したこと

第2節 個人編 **107**

になることから、ビットコインの購入時よりも支払時のレートが高い（含み益がある）場合には、譲渡による利益（譲渡益）があると認識され課税所得が生じることになります。逆にビットコインの購入時よりも支払時のレートが低い（含み損がある）場合には、譲渡による損失（譲渡損）が生じたことになります。

ビットコインの譲渡による利益または損失については、事業所得等となる場合を除き、原則として雑所得（その他雑所得）に該当することになります。詳しくは、Q15を参照してください。

なお、ご質問の場合には米国の不動産を購入することから、日本円と米ドル、そしてビットコインと2種の法定通貨と1種の暗号資産が登場します。この場合、どの交換レートを用いるかが重要になります。

ビットコインを外貨建の取引に使用した場合には、まず当該外貨とビットコインの交換レートにて換算することとなります（ビットコインをいくら使用したか）。その後、使用したビットコインを円との交換レートで計算し、最終的に円貨換算にて取引金額を算出します。

具体的には以下のようになります。

(1) 前提条件

不動産購入金額：900,000＄

米ドルとビットコインの交換レート：1BTC＝30,000＄

日本円とビットコインの交換レート：1BTC＝3,000,000円

(2) 不動産購入時

① 米ドルとビットコインの交換レートで使用金額を換算

900,000＄÷30,000＄＝30BTC

② 日本円とビットコインの交換レートで使用金額を換算

30BTC×3,000,000円＝90,000,000円

上記の計算により、米国の賃貸用不動産を購入するため30BTCを譲渡したことになりますので、仮に1BTC＝2,000,000円でビットコインを取得していた場合には、30,000,000円の譲渡益（90,000,000円－30BTC

×2,000,000円)が発生することとなります。

また、不動産購入時の円貨換算金額である90,000,000円が、賃貸用不動産の取得価額となります。

なお、購入にかかる付随費用等は計算を簡便にするため、考慮しておりませんが、付随費用等は取得価額へ加算されることとなります。

2 消費税の取扱い

ご質問の場合において、会社員の方が海外の不動産を購入されていますので、国内における取引に該当せず、消費税の課税対象とはなりません。

Q 23 暗号資産の評価方法の届出と評価方法を変更する場合の手続き

暗号資産の売買により生計を立てている個人事業者です。所得税の計算期間は毎年1～12月とされていますが、1年間に複数の種類の暗号資産と複数回の売買を行っているため、所得税の計算では暗号資産の種類ごとに売買損益の計算が必要と聞きました。この売買損益の計算については、総平均法と移動平均法があり暗号資産の種類ごとに選定すると聞きましたが、選定の手続きはどのようにすればよいのでしょうか？

また、選定した方法を変更する必要がある場合は、変更の手続きはどのようにすればよいのでしょうか？

A 選定については、「所得税の暗号資産の評価方法の届出書」の提出が必要であり、変更時には、「所得税の暗号資産の評価方法の変更承認申請書」を提出し承認を受ける必要があります。

解説

所得税の暗号資産の売買損益計算において、1年間に複数回の暗号資産売買がある場合には、売却時の譲渡原価の計算について所得税では「総平均法」と「移動平均法」のいずれかにより計算することとされています。

まず選定について、初めて暗号資産を取得した年の翌年3月15日までに「所得税の暗号資産の評価方法の届出書」を提出します。いくつかポイントがあり、売却した年ではなく取得した年の翌年3月15日までに提出が必要であること、選定は暗号資産の種類ごとに選定すること、新しい種類の暗号資産を取得した場合にはその新規取得した暗号資産について、また取得した年の翌年3月15日までに提出が必要となる点などに留意が必要です。なお、この届出書の提出がない場合には「総平均法」が適用されることとなっています。つまり、全種類の暗号資産について

110　第2章　暗号資産の会計と税務

「総平均法」を適用させる場合は、この届出書の提出は特に必要ないこととなります。「総平均法」ではなく「移動平均法」による計算や、暗号資産の種類ごとに計算方法を選定したい場合は、売却ではなく新しい種類の暗号資産を取得した都度、翌年3月15日までの届出書の提出に留意する必要があります。

次に変更する必要が生じた場合、変更しようとする年の3月15日までに「所得税の暗号資産の評価方法の変更承認申請書」を提出しなければなりません。こちらについてもポイントがありますので、順に説明します。暗号資産の種類ごとに変更する点は選定と同じですが、提出期限が翌年3月15日ではなく変更しようとする年の3月15日となります。

また手続きについて、提出する書類のタイトルに選定が「届出書」、変更は「申請書」とあるとおり、変更については税務署長の承認が伴うものとなります。変更の場合の「申請書」が提出されその年の年末12月31日までに承認または却下の通知がなければ、年末に承認されたものとみなされますが、変更前の評価方法を採用してから相当期間(特別の理由がない場合には3年)を経過していないケースや、変更しようとする評価方法によっては所得金額の計算が適正に行われ難いと認められるケースについては却下、つまり変更が認められない場合があり得るので、この点は特に留意が必要です。

変更については前述のとおり却下の可能性があるので、選定時(特に「移動平均法」を選定する際)には、なるべく変更がないよう検討のうえ選定しておくことが肝要になるかと思います。

最後に、本書執筆時における選定の「届出書」、変更の「申請書」の書式(記載例)は、次のようになっています。

第2節　個人編　111

【所得税の（有価証券・暗号資産）の評価方法の届出書（記載例）】

					1	1	7	0

税務署受付印

所得税の ~~有価証券~~ 暗号資産 の評価方法の届出書

	納　税　地	住所地・居所地・事業所等（該当するものを○で囲んでください。） （〒 153 － 0063 ） **東京都目黒区 目黒✕-◯-✕** 　　　　　　　（TEL　03 - 1111 - 1111 ）
目黒　　税務署長	上記以外の 住所地・ 事業所等	納税地以外に住所地・事業所等がある場合は記載します。 （〒　　 －　　　） 　　　　　　　　　　　　　　　（TEL　　 －　　 －　　 ）
年　　月　　日提出	フ　リ　ガ　ナ	メグロ　　サンシロウ
	氏　　　名	**目黒　三四郎** ／ 生年月日 平成 3 年 4 月 6 日生
	職　　　業	**会社員** ／ フリガナ ／ 屋号

~~有価証券~~
暗号資産 の評価方法については、次によることとしたので届けます。

1　評価方法

区　分	種　　　　　類	評　価　方　法	新たに取得した 年　月　日
~~有価証券~~ 暗号資産	ビットコイン	移動平均法	令和 5 年 5 月 5 日
~~有価証券~~ 暗号資産	イーサリアム	移動平均法	令和 5 年 5 月 5 日
有価証券 暗号資産			
有価証券 暗号資産			
有価証券 暗号資産			
有価証券 暗号資産			

2　その他参考事項

関与税理士		税務署整理欄	整理番号	関係部門連絡	A	B	C
			0				
（TEL　 －　 －　　 ）			通信日付印の年月日	確認			
			年　月　日				

112　第2章　暗号資産の会計と税務

書　き　方

1　この届出書は、有価証券又は暗号資産について選定した評価方法の届出をする場合に提出するものです。

　（注）　従来の評価方法（評価方法の届け出がなかったため、法定の評価方法によるべきこととされた場合を含みます。）を変更する場合には、この届出書ではなく「有価証券の評価方法の変更承認申請書」により変更の申請をしてください。

2　この届出書は、有価証券については、事業所得の基因となる有価証券を新たに取得した日又は従来取得している有価証券と種類が異なる有価証券を取得した日の属する年分の確定申告期限までに提出してください。

　　暗号資産については、暗号資産を新たに取得した日（※）又は従来取得している暗号資産と種類が異なる暗号資産を取得した日の属する年分の確定申告期限までに提出してください。

　　なお、暗号資産の取得には、暗号資産を購入し、若しくは売却し、又は種類の異なる暗号資産に交換しようとする際に一時的に必要なこれらの仮想通貨以外の仮想通貨を取得する場合における取得は含まれません。

3　この届出書の標題及び本文の中の「有価証券／暗号資産」は、申請の内容に応じて不要な文字を抹消してください。

4　評価方法の選定は、有価証券又は暗号資産の種類ごとに行うことになっていますのでその種類ごとに評価方法を定めて、次により記載します。

（1）「区分」欄には、有価証券について記載する場合は「有価証券」を、暗号資産について記載する場合は「暗号資産」を○で囲んでください。

（2）「種類」欄には、新たに取得した有価証券又は暗号資産の種類を記載します。

　　①　有価証券の種類は、おおむね金融商品取引法第2条第1項第1号から第21号まで（第17号を除きます。）の各号の区分によります。この場合、外国又は外国法人の発行するもので同項第1号から第9号まで及び第12号から第16号までの性質を有するものはこれに準じて区分します。したがって、例えば、国債証券、地方債証券、社債券（相互会社の社債券を含みます。）、株券（新株予約権を表示する証券を含みます。）、証券投資信託の受益証券、貸付信託の受益証券などは、それぞれ種類の異なる有価証券として区分することができます。

　　　　また、新株引受権付社債は、それ以外の社債とはそれぞれ種類の異なる有価証券として区分し、外貨建ての有価証券と円貨建ての有価証券又は外国若しくは外国法人の発行する有価証券と国若しくは内国法人の発行する有価証券は、それぞれ種類の異なる有価証券として区分することができます。

　　②　暗号資産の種類は、暗号資産の呼称等（ビットコインなど）を記載します。

（3）「評価方法」欄には、総平均法又は移動平均法のうち、選定した評価方法を記載します。

（4）「新たに取得した年月日」欄には、有価証券又は暗号資産を取得した年月日を記載します。

第2節　個人編　113

【所得税の（有価証券・暗号資産）の評価方法の変更承認申請書（記載例）】

		1 1 9 0

税務署受付印

所得税の ~~有価証券~~ 暗号資産 の評価方法の変更承認申請書

	納 税 地	⓪住所地・居所地・事業所等（該当するものを○で囲んでください。） （〒 153 － 0063 ） **東京都目黒区 目黒×-○-×** （TEL 03 - 1111 - 1111 ）
目黒 税務署長	上記以外の 住 所 地・ 事 業 所 等	納税地以外に住所地・事業所等がある場合は記載します。 （〒　　－　　　） （TEL　　－　　－　　）
年　月　日提出	フ リ ガ ナ	メグロ　　ゴロウ
	氏　　　名	**目黒　五郎** 生年月日 平成 5 年 5 月 5 日生
	職　　　業	**会社員** フリガナ 屋　号

令和 5 年分から、~~有価証券~~ 暗号資産 の評価方法を次のとおり変更したいので申請します。

1　評価方法

区　　分	種　　　　類	現 在 の 評 価 方 法		採用しようとする 新たな評価方法
		現在の方法	採用した年	
~~有価証券~~ 暗号資産	ビットコイン	移動平均法	令和2年	総平均法
~~有価証券~~ 暗号資産	イーサリアム	移動平均法	令和2年	総平均法
有価証券 暗号資産				
有価証券 暗号資産				
有価証券 暗号資産				
有価証券 暗号資産				

2　変更しようとする理由（できるだけ具体的に記載します。）

今後新たに取得する暗号資産も含め取り扱う暗号資産の種類の増加により、計算方法を簡便化し総平均法を統一して採用するため

3　その他参考事項

関与税理士 （TEL　　－　　－　　）	税務署整理欄	整 理 番 号	関係部門連絡	A	B	C
		0				
		通 信 日 付 印 の 年 月 日		確　認		
		年　月　日				

114　第2章　暗号資産の会計と税務

◎　この申請書は、有価証券又は暗号資産の評価方法を現に行っている方法から他の方法に変更しようとする場合に提出するものです。

◎　この申請書は、有価証券又は暗号資産の評価方法を変更しようとする年の３月15日までに提出してください。

◎　「区分」欄には、有価証券について記載する場合は「有価証券」を、暗号資産について記載する場合は「暗号資産」を〇で囲んでください。

Q 24 個人が保有するビットコインがハッキングによって盗難にあった

私は、製薬会社に勤める会社員です。今年から副収入を得る目的でビットコインを保有していましたが、いわゆるハッキング被害にあってしまい、保有するビットコインが盗まれました。税務上、何か救済措置はあるのでしょうか？

A 所得税法では、生活用資産等が盗難にあった場合には、一定の計算方法により計算された金額を「雑損控除」として所得金額より差し引くことができます。

ビットコインについては暗号資産ではあるものの支払手段であり、法定通貨等との交換も可能であることから、雑損控除の対象となり、一定の計算により所得控除を受けることができると思われます。

解説

1 所得税の取扱い

納税者本人または納税者と生計を一にする配偶者その他の親族が保有する生活用資産及び業務用資産(以下「生活用資産等」という)について災害、盗難、または横領によって損害を受けたときには、一定の計算方法により計算された金額を雑損控除として納税者の所得金額から差し引くことができるようになっています。

生活用資産等が受けた損害の原因については、震災、風水害、落雷等の自然災害や火災、火薬類の爆発等の自己の意思によらない不可抗力によって受けた災害、盗難または横領による損失が雑損控除の対象となります。ただし、詐欺や脅迫による損失は含まれません。

雑損控除の対象となる資産については、日常生活の上で必要な住宅、家具、現金等とされており、生活に通常必要でない資産(書画、骨董、貴

116　第2章　暗号資産の会計と税務

金属等で1組または1個の価額が30万円を超えるもの等）及び事業用資産は除かれます。

以上のことからご質問のケースに当てはめて考えますと、損害を受けた原因がハッキングによる盗難ということになりますので、雑損控除の適用を受けられる損害の原因である自然災害や不可抗力によって受けた災害、盗難または横領による損失のうち、盗難に該当することになります。

ビットコインが雑損控除の適用を受けることができる資産の対象となるかどうかということについて、現在のところビットコインは法定通貨には該当せず、暗号資産という位置付けであり、支払手段とされています。そのため、雑損控除の対象となる現金等には該当しないのではないかという意見もあるのではないかと思います。

しかしながら、ビットコインは法定通貨ではないものの、支払手段としては認められており、暗号資産とはいえ、法定通貨等へ交換することも可能であることから、広義の現金等に該当すると解することができ、雑損控除の適用を受けることができる資産の対象になるものと思われます。

なお、ビットコインが投資目的等の生活に通常必要でない資産とされた場合には、雑損控除の適用はありません。

雑損控除の金額は、以下の算式により計算された金額のうち、いずれか多い方の金額となります。

① 差引損失額−総所得金額等×10％

② 差引損失額のうち災害関連支出の金額−5万円

また、上記の差引損失額は、以下の算式により計算します。

損害金額＋災害等に関連したやむを得ない支出金額−保険金等の補填金額

損失金額については、ハッキングにより盗難にあったビットコインを円貨換算した金額となります。円貨換算に用いるビットコイン交換レー

第2節 個人編 117

トは、盗難にあった時のビットコイン交換レートを用いるものと思われます。

最後に、雑損控除の具体的な計算は以下のとおりです。

(1) 前提条件

- 2023年5月現在0.5BTCを支払手段として所有
- 2023年8月、ハッキングにより0.5BTCの全部が盗難にあった
- 盗難時のレート：1BTC＝3,000,000円
- 2023年の総所得金額等：10,000,000円

災害関連支出の金額及び保険金等で補填される金額は無いものとします。

(2) 雑損控除の計算

3,000,000円［差引損失金額］－10,000,000円［総所得金額等］×10％＝2,000,000円［雑損控除の金額］

上記の計算の結果、2,000,000円を雑損控除として所得控除（所得から差し引かれる金額）を受けることができます。

2 消費税の取扱い

ビットコインに限らず、資産の盗難や滅失等による損失は、消費税の課税対象とはなりません。

Q 25 会社員が賞与を暗号資産で受け取った

　来年から、会社の賞与支給形態が各社員の選択制になるという社内通達がありました。そのなかには暗号資産であるビットコインも選択できるということです。ビットコインで賞与支給される場合に、現金支給と税務上の取扱いは変わりますか？　なお、当社は現物給与に係る労働協約を締結しています。

A　会社との雇用契約において、最終的に受給する賞与金額が円貨換算額である場合には税務的に異なる点はありませんが、ビットコイン換算額である場合には取扱いが異なります。

解　説

　所得税法においては、特定の支払いについて源泉徴収制度が採用されています。

　この源泉徴収制度とは、給与や賞与等の源泉徴収の対象となる所得の支払者が、その支払いの際に所得の金額に応じた所定の方法により所得税額を計算し、その所得の支払額から計算された源泉徴収税額を控除した上で、支払者が控除した源泉徴収税額を国へ納付する制度をいいます。

　ご質問の場合は、会社が貴方へ賞与を支給する際に賞与金額に応じた源泉徴収税額を控除し、国へ納付することになります。その際、源泉徴収税額の計算は、賞与金額を円貨換算した金額に基づき計算されます。

　そのため、賞与として支給される通貨が日本円ではなく暗号資産であるビットコインであったとしても、雇用契約によって決められた賞与金額が日本円の単位であれば、従前の日本円で支給されていた際と源泉徴収税額は変わらないため税務的に異なる点はありません。

　しかし、雇用契約によって決められた賞与金額がビットコインの単位

第2節　個人編　**119**

であれば、支給時におけるビットコインの円貨換算レートが変動することから、円貨換算後の賞与金額は異なることとなります。

例えば、賞与金額が0.5BTCと決められていた場合に、ビットコインの交換レートが1BTC＝3,000,000円であれば、1,500,000円が賞与金額となります。これに対して、ビットコインの交換レートが1BTC＝2,000,000円であれば、1,000,000円が賞与金額となります。

このように、ビットコイン建の場合には、円建の場合と異なり所得税額の計算において対象となる円貨換算の賞与金額が変動することから、控除される源泉徴収税額も変動することになり、税務的に異なる結果が生じます。

特に、賞与の支給金額が前月の給与金額の10倍を超える場合には、源泉徴収税額の計算にあたり賞与に対する源泉徴収税額の算出率の表を使用するのではなく、別の計算方法となることに注意が必要です。

さらに、ビットコインの単位で賞与金額が決められている場合、ビットコイン交換レートの変動によっては、年間の給与所得にも大きな影響を与えることになります。そのため、年間所得金額が大きく変動する可能性があり、年間所得金額が円貨換算で一定の金額を超える場合には、今まで受けられていた基礎控除や配偶者控除、配偶者特別控除、住宅借入金等特別控除等の所得金額に制限がある各種控除等が受けられなくなる可能性も出てきます。

なお、賞与支給時に控除される源泉徴収税額は、ビットコインを円貨換算した金額によって計算されます。これは現金以外のいわゆる現物給与については、その経済的利益により評価する必要がありますが、暗号資産の場合には支給時の価額で評価されるためです。

Q 26 暗号資産の取得価額が不明な場合の取扱い

私は、警備会社に勤める会社員です。ビットコインが話題になった数年前にビットコインを購入し、売却や追加購入等をせずにそのままにしていました。最近、ビットコインがまた値上がりしてきたようなので売却しようと考えていますが、購入した金額が思い出せずにいます。購入金額が不明な場合には取得価額を０円として計算しなければいけないのでしょうか？

A ビットコイン等の暗号資産を購入した際の購入金額が不明な場合には、暗号資産交換業者が発行する年間取引報告書を確認する方法や暗号資産を購入するために利用した銀行口座の取引履歴等を確認する方法等があります。仮にいずれの方法によっても確認することができない場合でも取得価額を０円とはせずに、売却金額の100分の５に相当する金額を暗号資産の取得価額として事業所得または雑所得の金額を計算することができます。

解説

購入した暗号資産の取得価額は、その購入金額に購入にかかる手数料等の付随費用を加算した額となります。

この購入金額等は暗号資産交換業者を通じて購入した場合には、2018年１月１日以後の取引であれば、年間取引報告書で確認することが可能です。しかし、2017年12月31日以前の取引については、年間取引報告書が交付されない場合もあり、購入金額が不明となってしまうことも考えられます。その他に、相続等で取得した場合にも購入金額が不明となることが考えられます。

このような場合には、暗号資産を購入するために利用した銀行口座の出金履歴や暗号資産の取引履歴、暗号資産交換業者が公表する取引相場

等の情報を基に暗号資産の取得価額を確認する方法が考えられます。い
ずれの方法によっても取得価額が不明であったとしても取得価額を0円
として所得の計算をする必要はなく、収入金額の100分の5に相当する
金額を暗号資産の取得価額とすることが認められるということが暗号資
産FAQ2－7において以下のように記載されています。

> なお、売却した暗号資産の取得価額については、売却価額の5％相
> 当額とすることが認められます。例えば、ある暗号資産を500万円で売
> 却した場合において、その暗号資産の取得価額を売却価額の5％相当
> 額である25万円とすることが認められます。

　次に、実際の取得価額が分かっている場合において、この収入金額の
100分の5に相当する金額を取得価額として計算した方が有利な場合
に、収入金額の100分の5に相当する金額を取得価額として所得の計算
ができるのかについてですが、暗号資産FAQに明確な記載は無いもの
の、国税庁のタックスアンサー「No.3258　取得費が分からないとき」
に記載されている譲渡所得における取得価額の特例(いわゆる概算取得
費)から考えると、実際の取得価額が分かっており、その取得価額が収
入金額の100分の5に相当する金額を下回るとしても、収入金額の100
分の5に相当する金額を用いて事業所得の金額または雑所得の金額を計
算することができる可能性が高いものと思われます。
　なお、暗号資産が分裂したことにより取得をした場合には、その取得
価額は0円とすることとされています(詳細はQ16を参照)。
　この分裂により取得した暗号資産を売却した場合には、取得価額を0
円として所得計算を行うのか、または上記のように収入金額の100分の
5に相当する金額を用いて所得計算を行うことができるかについても明
確になっていませんが、この場合においても収入金額の100分の5に相
当する金額を用いて事業所得の金額または雑所得の金額を計算すること
ができる可能性が高いものと思われます。

122　第2章　暗号資産の会計と税務

Q 27 複数の取引所でビットコインを取引した場合の取得原価の計算

　私は会社員で、今年からふたつのビットコイン取引所でビットコインの運用を始めました。ひとつの取引所ではビットコインの購入及び売却を行いましたが、もうひとつの取引所では購入のみ行いました。この場合、取得原価はどのように計算するのでしょうか？

A　ビットコインを複数の取引所で購入した場合の取得原価の取扱いは明確になっていませんが、原則として取引所ごとではなく、購入した全てのビットコインをまとめて計算すると考えます。

解説

　法人税及び所得税ともに、暗号資産は棚卸資産及び固定資産から除外されました(法法2二十、法令12、所法2①十六、所令5)。

　また暗号資産の評価の方法は、その種類ごとに選定しなければならないこととされ(法令118の6③、所令119の3①②)、名称の異なる暗号資産は、それぞれ種類の異なる暗号資産として区分して評価方法を選定することになりました(所基通48の2-2)。

　執筆時点において、複数の取引所で暗号資産を取引した場合の取得原価の計算方法は明確になっていませんが、参考となる評価方法として、以下ふたつを取り上げます。

1　短期売買商品等

　法人税において、暗号資産は短期売買商品の条文に組み込まれています(法法61①)。短期売買商品等(活発な市場が存在する暗号資産を含む)の1単位当たりの帳簿価額の算出方法は、その有する短期売買商品等の種類等ごとに、かつ、暗号資産については特定自己発行暗号資産に該当する暗号資産、または、それ以外の暗号資産の区分ごとに選定しなければ

第2節　個人編　**123**

ならない、とされています(法令118の6④)。その適用にあたっては、事業所別に選定できることとし、または棚卸資産の区分をさらに細分化して選定できると規定された法人税基本通達5－2－12「評価方法の選定単位の細分」の取扱いを準用する、とされています(法基通2－3－64)。

つまり短期売買商品等(活発な市場が存在する暗号資産を含む)について、種類等ごとに、また事業所別に異なる計算方法の選定が認められています。

事業所別に異なる計算方法ができるといっても、この通達の事業所とは事業活動を行う事務所・支店等であり、暗号資産交換業者の取引所は暗号資産を保管する場所のため、この通達の事業所に該当しないと考えます。従って、同じ種類の暗号資産は、保管先の暗号資産交換業者の取引所が異なっても、同一の評価方法により評価すると考えます。

2 上場株式の特定口座

上場株式をふたつ以上の特定口座で運用している場合には、それぞれの特定口座年間取引報告書に記載された年間取引損益の各欄の金額を合計する、とされています(措法37の11の3－13関係)。

具体的には、上場株式をふたつの特定口座で運用し、A証券口座の特定口座では売却と購入を行い、B証券口座の特定口座では購入しか行わなかったケースにおいては、A証券口座のみが所得の対象となります。

しかし、❶で検討したように同じ種類の暗号資産は取引所が異なっても同一の評価方法により損益を集計すると考えますから、この点が上場株式の特定口座の損益の計算方法と大きく異なります。

ご質問の場合、税務上明確になっていませんが、種類を同じくする暗号資産は、複数の取引所の購入履歴を合算して、取得価額を計算することになると考えます。

仮に、以下のふたつの取引所でビットコインの取引を行った場合につ

いて、総平均法で計算した例を記載します。

〔A取引所〕

- 3月1日　購入：1 BTC＝2,800,000円
- 5月1日　売却：1 BTC＝2,900,000円

〔B取引所〕

- 12月1日　購入：1 BTC＝3,200,000円

　この場合、A取引所のみの損益は100,000円（2,900,000円－2,800,000円＝100,000円）の売却益となります。しかし暗号資産の取得価額は、A取引所とB取引所の購入価額を総平均法で計算した＠3,000,000円／1 BTC（(2,800,000円＋3,200,000円)÷2＝3,000,000円）となりますので、この年は100,000円（2,900,000円－3,000,000円＝△100,000円）の売却損ということになります。

　この事例を、国税庁の「暗号資産の計算書(総平均法用)」に入力したものは次のとおりです。

令和 5 年分　暗号資産の計算書（総平均法用）

氏名　　目黒　一郎

1　暗号資産の名称　　ビットコイン

2　年間取引報告書に関する事項

取引所の名称	購入		売却	
	数量	金額	数量	金額
Ａ取引所	1.00	2,800,000	1.00	2,900,000
Ｂ取引所	1.00	3,200,000		
合計	2.00	6,000,000	1.00	2,900,000

3　上記2以外の取引に関する事項

月	日	取引先	摘要	購入等		売却等	
				数量	金額	数量	金額
		合計		0.00	0	0.00	0

4　暗号資産の売却原価の計算

	年始残高（※）	購入等	総平均単価	売却原価（※）	年末残高・翌年繰越
数量	(A)	(C)　　2.00	－	(F)　　1.00	(H)　　1.00
金額	(B)	(D)　6,000,000	(E)　3,000,000	(G)　3,000,000	(I)　3,000,000

※前年の(H)(I)を記載　　　　　　　　　　　　　　　　※売却した暗号資産の譲渡原価

5　暗号資産の所得金額の計算

収入金額		必要経費			所得金額
売却価額	信用・証拠金（差益）	売却原価（※）	手数料等	信用・証拠金（差損）	
2,900,000		3,000,000			−100,000

※売却した暗号資産の譲渡原価

【参考】
収入金額計　　2,900,000
必要経費計　　3,000,000

126　第2章　暗号資産の会計と税務

Q 28 法人の代表者が暗号資産をその法人に 貸し付けた場合

　私は飲食店を営む甲社の代表者です。私が投資目的で保有している ビットコインを、甲社に相対により１BTC貸し付けました。甲社はそ のビットコインを借入期間が終了するまで他の者に売買しながら運用す ることで収益を得ています。

　なお私は貸付けの対価として、甲社から年利１％の利息を年末にビッ トコインで収受する契約になっています。

　この場合の税務上の取扱いを教えてください。

A　暗号資産の貸付けによる利用料を暗号資産で受け取った場合 は、その暗号資産の受け取り時点の価額が所得税の課税対象とな ります。所得区分は、雑所得に区分されると考えます。

解説

1　所得税の取扱い

　自身が保有している暗号資産を他の者に貸し付けて利子や利用料を得 る仕組みは、レンディングと呼ばれています。

　レンディングにより利用料として暗号資産を取得した場合、その取得 した暗号資産の取得時点の価額(時価)については、所得の金額の計算上 総収入金額に算入されます(暗号資産FAQ１－６)。

　所得区分について、銀行の利子による収入は利子所得となります。 「利子所得とは、預貯金および公社債の利子ならびに合同運用信託、公 社債投資信託および公募公社債等運用投資信託の収益の分配に係る所 得」(国税庁タックスアンサー「No.1310　利息を受け取ったとき(利子所 得)」)とされており、暗号資産のレンディングによる収入は、利子所得 に該当しません。

第２節　個人編　**127**

従って、他の暗号資産の取引と同様に、事業として行っている場合を除いて、雑所得に区分されると考えます。

ご質問の場合、甲社からのレンディングの対価である利用料0.01BTC（1 BTC×1％＝0.01BTC)について、取得時の交換レートで換算した額が、雑所得の収入金額となります。

一方、個人が第三者に暗号資産を貸し付ける行為は、暗号資産の譲渡や贈与に該当しないため、貸付け時点において、所得税の課税対象とはなりません。

また所得税は未実現の評価損益は認識しないことを原則としているため、年末に保有する暗号資産に係る含み損益は、所得税の計算上認識しません。貸付けにおける暗号資産も同様となります。

なお、代表者から暗号資産を借り受けた法人側の取扱いは、Q11を参照してください。

2 消費税の取扱い

消費税について、利用料を対価とする暗号資産の貸付けは、消費税法別表第一に掲げる非課税取引のいずれにも該当しないため、消費税の課税売上となります。

128 第2章 暗号資産の会計と税務

Q 29 暗号資産の売買で生計を立てている個人の売買損益の所得区分

　脱サラしてビットコインの売買により生計を立てています。所得税の確定申告時期となりましたが、ビットコイン売買による所得は、所得税のどの所得に区分されますか？

A　暗号資産の売買による所得は、原則として「雑所得」に区分されますが、社会通念上事業と認められる場合は「事業所得」に区分されると考えます。また、暗号資産取引に係る帳簿書類の記帳と保存があり、その年の暗号資産取引に係る収入金額が300万円を超える場合についても、おおむね「事業所得」として取り扱われます。

解説

　ビットコインをはじめとする暗号資産の所得税法上の取扱いについては、まず2点のポイントをふまえる必要があります。1点目は、暗号資産の使用や売却による利益は所得税の課税対象となること、2点目は、この暗号資産に係る所得は、原則として「雑所得」に区分されることです。

　本設問では、2点目の所得区分について"原則"とされた「雑所得」と、原則以外の所得として想定される「事業所得」において、どのような場合にどう分類されるのか解説します。

　「事業所得」か「雑所得」かの区分は、実務上、個々に慎重な判断を要します。損益通算や青色申告の有無、純損失の繰越控除などによる課税実務上の影響が大きいためです。

　どちらの所得に区分されるのか、よく用いられる判断基準は、昭和56（1981）年の最高裁判決にある「自己の計算と危険において独立して営まれ、営利性、有償性を有し、かつ反復継続して遂行する意思と社会的地位とが客観的に認められる業務」か否かによって判別されます。

　ポイントは、独立性、営利性・有償性、反復性・継続性を具備した経

第2節　個人編　**129**

済活動により生じたものか、また、生活の基盤となり、社会通念上、職業として認められる業務から生じたものかです。

　つまり、取引規模(売買の金額や回数など)のみでなく、他に本業とされる所得を有するか、社会性や客観性もあわせて総合的に判断されます。

　従って、画一的な判断基準を示すことは困難であり、一律的な定義ができないデリケートな論点といえます。多種多様に存在する職業や働き方、業務や仕事につき、個々のケースごとに判断せざるを得ないのが、今日の税務の現状です。

　また、「暗号資産FAQ」において、暗号資産取引に係る帳簿書類の保存があり、その年の暗号資産取引に係る収入金額が300万円を超えるケースなどについては、「雑所得」ではなくおおむね「事業所得」として取り扱うと記載されました。

　この内容は、働き方改革の時流においてフリーランスや個人事業者の増加、多様化に伴い、「雑所得」の内容や確定申告書の書き方について所要の整備がなされた影響によるものと考えられます。各年の収入金額300万円をメルクマールとして一定の取引規模を有し、日々きちんと記帳し整備された帳簿を備え付けることにより、おおむね「事業所得」として取り扱われる内容となりますが、まだ働き方改革も過渡期にあり社会情勢も変化の最中にあることからも、今後の法整備や税制改正を含め、動向に注目する必要があるものと思われます。

〈所得税基本通達35-2〉

（業務に係る雑所得の例示）

35-2　次に掲げるような所得は、事業所得又は山林所得と認められるものを除き、業務に係る雑所得に該当する。

(1)　動産(法第26条第1項《不動産所得》に規定する船舶及び航空機を除く。)の貸付けによる所得

(2)　工業所有権の使用料(専用実施権の設定等により一時に受ける対価を含む。)に係る所得

(3) 温泉を利用する権利の設定による所得

(4) 原稿、さし絵、作曲、レコードの吹き込み若しくはデザインの報酬、放送謝金、著作権の使用料又は講演料等に係る所得

(5) 採石権、鉱業権の貸付けによる所得

(6) 金銭の貸付けによる所得

(7) 営利を目的として継続的に行う資産の譲渡から生ずる所得

(8) 保有期間が5年以内の山林の伐採又は譲渡による所得

　　(注) 事業所得と認められるかどうかは、その所得を得るための活動が、社会通念上事業と称するに至る程度で行っているかどうかで判定する。

　　　　なお、その所得に係る取引を記録した帳簿書類の保存がない場合(その所得に係る収入金額が300万円を超え、かつ、事業所得と認められる事実がある場合を除く。)には、業務に係る雑所得(資産(山林を除く。)の譲渡から生ずる所得については、譲渡所得又はその他雑所得)に該当することに留意する。

(参考)事業所得と業務に係る雑所得等の区分(イメージ)

収入金額	記帳・帳簿書類の保存あり	記帳・帳簿書類の保存なし
300万円超	概ね事業所得(注)	概ね業務に係る雑所得
300万円以下		業務に係る雑所得 ※　資産の譲渡は譲渡所得・その他雑所得

(注) 次のような場合には、事業と認められるかどうかを個別に判断することとなります。
① その所得の収入金額が僅少と認められる場合
② その所得を得る活動に営利性が認められない場合

出所：国税庁『雑所得の範囲の取扱いに関する所得税基本通達の解説』(令和4年10月7日)

Q 30 暗号資産の売買で生計を立てている個人の含み益 (含み損) の取扱い

　ビットコイン売買により生計を立てている個人事業者です。所得税の計算期間は毎年 1～12月とされていますが、1 年間に複数回のビットコイン売買を行っているため、年末には売却前のビットコインの残高(ストック)があります。

　この年末に保有しているビットコインのストックが購入時より値上りして含み益が生じている場合、その年の所得税の計算においてどのように取り扱われますか?

A　所得税法上、未実現の評価損益(売却前の値上りによる含み益や、値下りによる含み損)は認識しないことを原則とするため、年末に保有する暗号資産に係る含み益や含み損は、所得税の計算において計上しないものと考えます。

解説

　年末に保有する暗号資産について、現行の所得税法には評価差額の取扱いや年末時の換算方法に関する具体的な明文規定はありません。法人の有する暗号資産については、活発な市場が存在する仮想通貨に係る期末時価評価の取扱いが法人税法上明記されていますが、所得税法では取得価額や譲渡原価に関するもののみの記載であり、評価差額(時価評価や低価法の適用の可否)についての記載はありません。

　従って、所得税の基本となるルールや、暗号資産と同じように含み益や含み損が生じ得る外貨や株式などの取扱いを参考に、どのように取り扱うかを判断することとなります。

　所得税の根幹を成す所得税法第36条・第37条、外貨の年末換算、株式の評価差額の取扱いなどから導かれる結論ですが、現行法においては、売却前の評価損益は認識しないと考えられます。

132　第2章　暗号資産の会計と税務

この現行法では評価損益を認識しない論拠について、所得税法の最も重要な規定とされる所得税法第36条・第37条は"権利確定主義・債務確定主義"と解されており、評価損益の計上を原則として認めていないのです。

　また、Q18においても含み益・含み損の解説をしていますが、所得税法上、年末に保有する暗号資産に係る評価損益を認識しないという取扱いは、会社員の副業による雑所得の場合も、暗号資産売買を本業とする個人事業者の事業所得であっても、差は生じないものと考えます。

　なお、計算技術上の問題として、暗号資産の年末(期末)評価額が、間接的ですが暗号資産の売上原価や譲渡原価の算定に関わる論点(つまり、売上原価の算定は直接計算のみだけでなく、"年始(期首)＋本年(当期)－年末(期末)"により間接的にも算定されます)については、第1節(法人編)の原価算定の解説と同様です。

　暗号資産売却時の売上原価や譲渡原価の算定については、株式や外貨に係る原価算定を参考にすると、総平均法に準ずる方法、移動平均法、総平均法による算定方法などが考えられますが、現行法では総平均法を原則(法定評価方法)として、届出書の提出により移動平均法も適用ができるよう整備されています。

　最後に参考まで、個人に適用される所得税法と法人に適用される法人税法の取扱いの対比を、下記にまとめます。

	所得税法(個人)	法人税法(法人)
譲渡原価・売上原価の法定評価方法 (年末・期末簿価算定の法定評価方法)	総平均法	移動平均法
年末・期末評価の算定 (時価評価差額の取扱い)	原価法	時価法

〈所得税法第36条第1項、第37条第1項〉

（収入金額）

第36条　その年分の各種所得の金額の計算上収入金額とすべき金額又は総収入金額に算入すべき金額は、別段の定めがあるものを除き、その年において収入すべき金額（金銭以外の物又は権利その他経済的な利益をもって収入する場合には、その金銭以外の物又は権利その他経済的な利益の価額）とする。

（必要経費）

第37条　その年分の不動産所得の金額、事業所得の金額又は雑所得の金額（事業所得の金額及び雑所得の金額のうち山林の伐採又は譲渡に係るもの並びに雑所得の金額のうち第35条第3項（公的年金等の定義）に規定する公的年金等に係るものを除く。）の計算上必要経費に算入すべき金額は、別段の定めがあるものを除き、これらの所得の総収入金額に係る売上原価その他当該総収入金額を得るため直接に要した費用の額及びその年における販売費、一般管理費その他これらの所得を生ずべき業務について生じた費用（償却費以外の費用でその年において債務の確定しないものを除く。）の額とする。

Q 31 暗号資産の売買で生計を立てている個人が、暗号資産を他の暗号資産と交換した

　　ビットコイン売買により生計を立てている個人事業者です。これまでの暗号資産の売買はビットコインによってのみ行ってきましたが、このたびビットコイン以外の暗号資産であるイーサリアムの売買も始めることにしました。始めるにあたって購入したイーサリアムの決済は、保有するビットコインにより支払いました。

　　今回のように、暗号資産から他の暗号資産に交換した場合、交換時に課税関係は生じますか？

A　　保有していた暗号資産を他の暗号資産と交換した場合、交換時に交換前の暗号資産を一度売却し、新たに他の暗号資産を購入した場合と同様の効果が生じることから、交換時において交換前の暗号資産の売却損益を認識します。

解説

1　所得税の取扱い

　保有している暗号資産から他の暗号資産への交換は、種類は違いますが暗号資産を保有し続けていると捉える考え方も成り立ちます。しかしながら、現行の税法上は、交換取引を"譲渡と取得による複合取引"として取り扱います。

　交換のケースでは複数の暗号資産が登場するので、次の具体例により解説します。

　まずはビットコインを0.2BTC購入し、その後、その購入したビットコイン0.2BTCをイーサリアム２ETHと交換した場合の例です。なお、この例における暗号資産のレートは次のとおりとします。

第２節　個人編　**135**

	購入時	交換時
ビットコインのレート	2,500,000円/BTC	3,000,000円/BTC
イーサリアムのレート	200,000円/ETH	300,000円/ETH

　取引を順に追っていくと、まず500,000円でビットコインを0.2BTC購入します。次に、500,000円で購入したビットコインとイーサリアムを交換し2ETHを取得していますが、取得したイーサリアムの購入対価は600,000円ではなく0.2BTCにより支払いをしています。

　ここで、ビットコインとイーサリアムの交換時に着目し、交換の取引を分解します。分解すると、ビットコイン0.2BTCを600,000円で売却した取引と、600,000円でイーサリアムを2ETH購入した取引となります。この交換取引ですが、500,000円で購入したビットコインを600,000円で売却し、直ちにイーサリアムを購入した場合と同一の結果であり、同じ経済的効果が生じています。

　つまり、交換取引とは、"売却(譲渡)取引"と"購入(取得)取引"による"ふたつの複合取引"と見ることができます。

　よって、所得税の所得計算ですが、500,000円で購入したビットコインを600,000円で売却したケースと同様に、600,000円と500,000円の差額である100,000円の売却益を、交換時において所得として認識し計算され、また、イーサリアムの取得価額は600,000円となります。

2　消費税の取扱い

　消費税の取扱いについては、交換時にビットコインの譲渡(売却)を認識しますが、消費税法では暗号資産の譲渡は非課税取引となり、課税売上割合の計算について、課税売上割合の分母に計上しないものとされています。

136　第2章　暗号資産の会計と税務

Q 32　暗号資産の売買で生計を立てている個人の必要経費

　　脱サラしてビットコイン売買により生計を立てている個人事業者です。サラリーマン時代は、毎年の年末調整による会社の税金計算のみで確定申告はしていませんでしたが、個人事業者は確定申告が必要であり、さらに申告をするにあたり収入や経費の集計も必要だと聞きました。

　　ビットコインの売買損益の計算は国税庁ホームページの計算書(エクセル)を活用しようと考えています。

　　経費については、どのような支出が必要経費として認められるのでしょうか?

A　　所得税の事業所得や雑所得の必要経費は、売上原価のほか、「その所得を生ずべき業務について生じた費用の額」とされ、減価償却費や家事関連費の取扱いには、注意が必要です。

解 説

1　必要経費の取扱い

　ビットコイン売買に係る所得は、原則として「雑所得」、事業的規模であれば「事業所得」に区分される点については、Q29のとおりです。

　ここで、「事業所得」と「雑所得」の計算方法ですが、それぞれの所得金額の計算方法は、下記のとおりとされています。

- ・事業所得金額＝総収入金額－必要経費
- ・雑所得金額　＝総収入金額－必要経費

　上記のとおり、外観、フレームはどちらも同じであり、多岐にわたる税務の規定を見れば差異は生じるのですが、基本構造は同じとなります。つまり、どちらの所得区分にあっても"必要経費"がポイントであり、この"必要経費"に"該当する"のか"該当しない"のかが、その

第2節　個人編　**137**

支出が経費として認められるかどうかと同義ということです。

　所得税法上、必要経費となる金額を下記のとおり規定しています。

　①　総収入金額に対応する売上原価その他その収入金額を得るため直接に要した費用の額

　②　その年における販売費、一般管理費その他その所得を生ずべき業務について生じた費用の額

　まず①ですが、条文中にも売上原価とあるとおり、ビットコイン売買の場合ではビットコイン売却時の譲渡原価（購入したビットコイン全額ではなく、売却したビットコインに対応する金額）のことです。

　次の②が本設問のテーマであり、業務につきさまざまに生じる支出のうち販売費や一般管理費などの各種費用が、こちらの項目に該当することとなります。

　この販売費や一般管理費については、①の売上原価のようなピンポイントの項目ではなく、業種業態などにより、さらには個々人の業務形態などによってもさまざまであり、多種多様な費用が想定されますが、国税庁の「暗号資産FAQ」２−３においては、暗号資産売却時の売却手数料のほか、暗号資産売買業務に係る「インターネットやスマートフォン等の回線利用料、パソコン等の購入費用など」が、例として掲載されています。この他にも、設問にあるビットコイン売買に係る情報収集のための書籍代などが、図書費などとして②の必要経費に該当するものと考えられます。

　また、国税庁の「暗号資産FAQ」２−３では、「減価償却費」と「家事関連費」について注意事項としての記載があるので、種々ある必要経費のうち、本設問ではこのふたつの項目について解説します。

2　減価償却費の取扱い

　減価償却計算とは、パソコンなど１年以上にわたって使用するものを購入した際の金額を、全額その購入した年のみの費用とするのではな

138　第２章　暗号資産の会計と税務

く、購入時の金額を使用する期間にわたり分割して各年の費用に計上する計算方法です。

　つまり、少額の雑多な消耗品などと異なり、1年以上使用し一定の金額以上となるパソコンなどのようなものについては、使用する期間中の各年において、分割した金額を減価償却費として複数年の費用として計上します。

　減価償却の計算方法(購入時の金額の分割方法)は、定額法や定率法など複数ありますが、ここでは下記の金額区分それぞれにおける所得税法上の取扱いを記載します。

購入時の金額(取得価額)	金額の分割方法(償却方法)
10万円未満	購入時(使用開始した年)に全額必要経費
10万円以上20万円未満	減価償却　または　一括償却
20万円以上	減価償却

(注)　上記のほか、青色申告の場合には、30万円未満の少額減価償却資産の特例があります(「事業所得」には青色申告制度がありますが、「雑所得」に青色申告制度はありません)。

③　家事関連費の取扱い

　所得税法では、"必要経費"とならない支出を"家事費"と定義しています。つまり、経費として認められないプライベートな支出が"家事費"です。個人に生じた全ての支出を"必要経費"と"家事費"に分類しようとすると、やはりグラデーションがあり、業務上の"必要経費"とプライベートの"家事費"の中間に位置付けられる支出や、業務とプライベートの両方に関連する支出もあり得ます。この"必要経費"と"家事費"の中間にある支出が「家事関連費」です。

　具体例として、家賃を例に説明します。業務用の事務所の家賃は、業務上の支出であり"必要経費"です。自宅の家賃は、プライベートの支出であり"家事費"です。これらに対し、自宅兼事務所の家賃は、業務

第2節　個人編　**139**

とプライベートの両方に関連する支出であり「家事関連費」となります。

　この「家事関連費」の所得税法上の取扱いですが、大原則としては"必要経費"に算入しない、つまり、経費として認められない支出となります。これは、端的にいえば、どのような支出であっても業務に関連付けることによって経費として認めるようなことはできない、ということです。

　しかしながら、この大原則を貫き通すと、それぞれの支出を"必要経費"と"家事費"に区別が明確にできる業態や業種の個人に対してのみ有利となり、公平で中立な税務計算に支障が生じます。そこで、「家事関連費」のうち、その主たる部分が業務上必要不可欠であり、業務上必要な部分を区分した金額に限って"必要経費"に算入する取扱いが規定されています。

　「家事関連費」の取扱いは上述のとおりですが、主たる部分が業務上の支出に該当するのか、業務上の部分を明確に区分するにはどうすればよいのかなど、実務上、困難を要するケースもしばしばです。

　国税庁の「暗号資産FAQ」2−3においても、「直接必要な支出であると認められる部分の金額に限り」や「暗号資産取引に係る利用料を明確に区分できる場合に限り」との記載があり、その上での必要経費算入が求められています。

　「家事関連費」については、慎重な判断と、その区分の明確な論拠に注意が必要です。

140　第2章　暗号資産の会計と税務

Q 33　暗号資産の売買で生計を立てている個人の設備投資に係る消費税の仕入税額控除

　ビットコイン売買により生計を立てている個人事業者です。今後は、ビットコイン以外の暗号資産の売買や、マイニングによる暗号資産の取得まで事業の拡大を図りたいと考えています。売買取引の増加やマイニング開始に伴い、パソコンなどのデジタル機器、通信関連機器、マイニング用の電力確保のための機材など多額の設備投資が必要となります。多額の設備投資を行った場合などのケースでは、消費税が還付されることもあり得ると聞いたことがありますが、今回のような暗号資産の売買やマイニング用の設備投資については、消費税の計算ではどのように取り扱われますか？

A　暗号資産売買に係る設備投資の課税仕入については、"非課税売上のみに要するもの"として取り扱われ、暗号資産のマイニングに係る設備投資の課税仕入についても、現況においては"非課税売上のみに要するもの"として取り扱われると考えます。

解説

1　暗号資産売買に係る課税仕入

　消費税の仕入税額控除の計算方法は、原則的な"原則課税"と特例である"簡易課税"のふたつの計算方法に大別されます。また、"原則課税"の計算方法は、「個別対応方式」と「一括比例配分方式」のふたつの計算方式に分かれます。

　本設問では、暗号資産売買用の設備投資と、暗号資産マイニング用の設備投資に係る課税仕入について、消費税の"原則課税"計算における「個別対応方式」を採用する場合を、それぞれ解説します。

　消費税の"原則課税"における「個別対応方式」の仕入税額控除の計算

第2節　個人編　**141**

では、課税仕入を次の3区分に分類し計算します。

① 課税売上のみに要するもの(課税売上対応)
② 非課税売上のみに要するもの(非課税売上対応)
③ 課税売上と非課税売上に共通して要するもの(共通対応)

この3区分に分類された課税仕入の金額は、仕入税額控除の金額を構成するものと構成しないものに分かれ、それぞれ次のように計算されます。

① 課税売上対応……全額仕入税額控除の対象となる
② 非課税売上対応…全額仕入税額控除の対象とならない
③ 共通対応…………課税売上割合に応じた金額が仕入税額控除の対象となる

このことから、設備投資や各種経費などの課税仕入の金額が、どの区分に分類されるのかが重要な論点となり、消費税法上の売上との対応関係がポイントとなります。

本設問の具体例に戻り、まず暗号資産売買用の設備投資に係る課税仕入については、暗号資産の譲渡(売却)は非課税売上であるため、非課税売上に対応する"非課税売上のみに要するもの"に分類されます。

非課税売上対応であることから、暗号資産売買用の設備投資に係る課税仕入の金額は、「個別対応方式」の計算では仕入税額控除の金額を構成せず、仕入税額控除の対象となりません。

2 暗号資産マイニングに係る課税仕入

次に、暗号資産マイニング用の設備投資に係る課税仕入について、同じように消費税法上の売上との対応関係に着目し判定します。

マイニングによる暗号資産の取得は、国税庁からの「暗号資産FAQ」にもあるとおり、所得税法上の総収入金額算入、法人税法上の益金算入であり、いわゆる売上取引である取扱いが記載されていますが、消費税法上の取扱いについては記載がありません。

142 第2章 暗号資産の会計と税務

しかしながら、本書執筆時の他の暗号資産の税務関連書籍や解説記事などによれば、マイニングによる暗号資産の取得は、消費税法上不課税売上(課税対象外・不課税取引)であるとするものがほとんどです。その理由は、マイニングによる暗号資産の取得が消費税法上の「資産の譲渡等」に該当しないためと解説され、現段階ではこの判断が妥当であると考えます。

　ここで課税仕入の3区分の論点に立ち返ってみると、暗号資産マイニング用の設備投資に係る課税仕入は、不課税売上(課税対象外・不課税取引)に対応するものということになります。不課税売上(課税対象外・不課税取引)対応の課税仕入は、消費税法基本通達にもあるとおり、"課税売上のみ"でも"非課税売上のみ"でもないので、"課税売上と非課税売上に共通して要するもの"、共通対応に分類されることが一般的です。

　このことから、暗号資産マイニング用の設備投資に係る課税仕入は共通対応の課税仕入であると結論付けられそうです。しかし、本書執筆時において今回の論点についての他の書籍や解説記事はあまり多くは見受けられないのですが、そのほとんどが"非課税売上のみに要するもの"、非課税売上対応であると結論付けています。

　これは、今日の暗号資産の現況が多分に影響しているものと思われます。法定通貨のように使うもの、支払手段として使用される通貨を趣旨として当初設計された暗号資産ですが、今日の日本においては"投機目的・投資目的"がメインであり、支払手段としての使用がまだまだごく少数といった実状です。

　このような現状から、マイニングにより取得した暗号資産を売却(譲渡)し、その売却益(譲渡益)を目的とするケースが大方であることから、マイニングによる暗号資産の取得自体は不課税売上(課税対象外・不課税取引)であっても、その最終目的である暗号資産の譲渡や売却との対応関係を重視し、非課税売上対応である"非課税売上のみに要するもの"と判定されるに到ることとなります。

この消費税における課税仕入の3区分の分類は、判定が非常に困難であることも多く、国税不服審判所や税務訴訟などそれぞれでの判定が異なることもあるほどです。

今後、暗号資産が給与や各種経費の支払手段として使用されるような状況へと変化が生じれば、"課税売上と非課税売上に共通して要するもの"と判定されるケースも想定されますが、いずれにせよ、各々のケースについて個々に考慮し、慎重な判断を要する論点となります。

〈消費税法基本通達11－2－16、11－2－20〉

（資産の譲渡等に該当しない取引のために要する課税仕入れの取扱い）

11－2－16　法第30条第2項第1号《個別対応方式による仕入税額控除》に規定する課税資産の譲渡等とその他の資産の譲渡等に共通して要するもの（以下「課税資産の譲渡等とその他の資産の譲渡等に共通して要するもの」という。）とは、原則として課税資産の譲渡等と非課税資産の譲渡等に共通して要する課税仕入れ等をいうのであるが、例えば、株券の発行に当たって印刷業者へ支払う印刷費、証券会社へ支払う引受手数料等のように資産の譲渡等に該当しない取引に要する課税仕入れ等は、課税資産の譲渡等とその他の資産の譲渡等に共通して要するものに該当するものとして取り扱う。

（課税仕入れ等の用途区分の判定時期）

11－2－20　個別対応方式により仕入れに係る消費税額を計算する場合において、課税仕入れ及び保税地域から引き取った課税貨物を課税資産の譲渡等にのみ要するもの、その他の資産の譲渡等にのみ要するもの及び課税資産の譲渡等とその他の資産の譲渡等に共通して要するものに区分する場合の当該区分は、課税仕入れを行った日又は課税貨物を引き取った日の状況により行うこととなるのであるが、課税仕入れを行った日又は課税貨物を引き取った日において、当該区分が明らかにされていない場合で、その日の属する課税期間の末日までに、当該区分が明らかにされたときは、その明らかにされた区分によって法第30条第2項第1号《個別対応方式による仕入税額控除》の規定を適用することとして差し支えない。

Q 34 飲食店を営む個人事業者が、売上代金として 受け取った暗号資産を取引所で換金した

飲食店を営む個人事業者です。売上代金は現金のほかクレジットカード払いによって受領してきましたが、先月よりビットコイン払いにも対応することにしました。

売上代金として受領したビットコインは、ビットコインの取引所や販売所で邦貨に換金していますが、ビットコインのレートは刻一刻と変動しているため、換金時に売上代金との差額が生じます。

この売上代金として受け取ったビットコインを換金した際の差額は、所得税の計算ではどのように取り扱いますか？

A 飲食業という事業の遂行に付随して生じた収入は、事業付随収入として、事業所得の金額の計算上、事業所得の総収入金額に算入します。

解説

1 所得税の取扱い

飲食業を営む個人事業者にとって、メインとなる収入は飲食店の売上ですが、事業にはその他にもさまざまな収入が想定されます。事業資金を預け入れている預金の利子、店の備品の売却収入、売上以外にも多種多様な収入が生じ得ます。

これらの収入は「事業付随収入」と総称されますが、所得区分が明確に定義されているものは各種の所得に分類され、明確な定義がされていないものは事業所得の雑収入として、事業所得の総収入金額に算入されます。

定義が明確であるものの具体例は、事業資金に係る預金利息や、取引先の株式から得る配当などです。預金利息は利子所得、株式の配当は配

第2節 個人編 145

当所得に分類されます。これらについては、所得の意義が所得税法上明確に定義されているため、事業の遂行に付随して生じたものであっても事業所得ではなく、明確な定義がある各種の所得に分類されます。

一方、明確に定義されていない収入の具体例は、作業くずや空箱の売却収入、仕入割引やリベートの収入などです。これらは、所得の意義が所得税法上明確に定義されているものではなく、事業に伴い生じたものは雑収入として事業所得の総収入金額に算入します。

事業所得の売上代金として受領した暗号資産の売却収入も同じく、現行の所得税法で明確に定義されている所得区分の収入ではありませんので、事業に伴い生じたものについては、事業所得の雑収入となります。

また、「暗号資産FAQ」2－2の"なお書き"の部分には、「なお、「暗号資産取引が事業所得等の基因となる行為に付随したものである場合」、例えば、事業所得者が、事業用資産として暗号資産を保有し、棚卸資産等の購入の際の決済手段として 暗号資産を使用した場合は、事業所得に区分されます。」とあることから、本設問のような事業に伴い生じたビットコインの売却収入についても、事業付随収入として事業所得に区分される取扱いが妥当であると考えます。

② 消費税の取扱い

消費税の取扱いについては、交換時にビットコインの譲渡(売却)を認識しますが、消費税法では暗号資産の譲渡は非課税取引となり、課税売上割合の計算について、課税売上割合の分母に計上しないものとされています。

Q 35 飲食店を営む個人事業者が、暗号資産で経費の支払いをした

飲食店を営む個人事業者です。売上代金は現金のほかクレジットカード払いによって受領してきましたが、先月よりビットコイン払いにも対応することにしました。

売上代金として受領したビットコインは、今まで邦貨に換金していましたが、先日、店の備品や消耗品を購入するためインターネットショッピングを利用したところビットコインによる支払いにも対応していたため、ビットコイン払いにより備品を購入しました。

ビットコインで経費の支払いをしたのは初めてですが、帳簿上どのように管理して記帳すればよいでしょうか？

A 所得税や消費税の税務計算は、純額ではなく総額計算を基本とするため、確定申告を見据えては、汎用的な円単位の仕訳による総額処理の記帳をおすすめします。

解説

1 所得税の取扱い

簿記の計算や会計処理には、「純額処理」と「総額処理」という2つの方法があります。この純額と総額の意味ですが、プラスの計算要素とマイナスの計算要素を相殺すれば純額、両建てすれば総額となります。

例を挙げると、会計では収益と費用、所得税では収入と必要経費、これらプラスとマイナスの要素を相殺すれば純額処理、両建てすれば総額処理です。

会計では、この純額処理と総額処理を計算対象の重要性などの見地から項目ごとに使い分けています(例えば、棚卸資産の販売は総額、固定資産の売却は純額などです)が、税務計算では総額処理を基本とします。

第2節 個人編　147

本設問では、年末に邦貨換金前の暗号資産は有していないことを前提として、次の具体例から仕訳の一例を紹介します。

　飲食店での売上50,000円の代金として0.02BTCを受領し、0.02BTC全額を現金(邦貨)に換金せず、0.01BTCは備品30,000円の購入の支払いに充て、残り0.01BTCを現金(邦貨)に換金したケースにおける仕訳例です。なお、ビットコイン交換レートは次のとおり推移したものとします。

- 売上代金受領時　　：2,500,000円／BTC
- 備品購入・換金時：3,000,000円／BTC

　ビットコインの勘定科目は「暗号資産」という資産勘定、換金時の差益は「暗号資産換算益」という収益勘定を用いて、売上時の仕訳を①、備品購入・換金時の仕訳を②に示すと、

①	(借)暗 号 資 産	50,000	(貸)売　　　　　上	50,000
②	(借)備 　品 　費	30,000	(貸)暗 号 資 産	50,000
	現　　　　金	30,000	暗号資産換算益	10,000

となります。

　このような円単位による仕訳を記帳することにより、他の円建ての取引と同様に利益や所得を算出することができるようになります。消費税の計算においても、円建ての取引と同じように計算ができます。

　つまり、正規の簿記の原則による一般的な複式簿記を用いて記帳し管理することが適した方法です。

　ちなみに、厳密な税務仕訳は、ビットコインに係る損益まで総額処理を貫き、②の仕訳を次の(②)の仕訳まで細かくしますが、仕訳数も増えるため、一般的な事業所得の記帳では、前述の方法が汎用的でしょう。

(②)	(借)暗号資産売上原価	50,000	(貸)暗 号 資 産	50,000
	現　　　　金	60,000	暗号資産売上	60,000
	備 　品 　費	30,000	現　　　　金	30,000

2 消費税の取扱い

　前述の具体例による消費税の取扱いは、(②)の仕訳による暗号資産売上が計上されますが、消費税法では暗号資産の譲渡は非課税取引となり、課税売上割合の計算について、課税売上割合の分母に計上しないものとされています。

Q 36　国外財産調書（合計表）、財産債務調書（合計表）への暗号資産の記載方法

日本の居住者である私はビットコインの売買を行うにあたり、海外のビットコイン取引所を利用しています。年末において、多額の海外財産を保有している場合、所得税の確定申告書に添付する書類として、国外財産調書（合計表）、財産債務調書（合計表）があると知りました。

私が年末にビットコインを100BTC保有している場合、これらの書類の提出が必要となるのか、また、提出が必要な場合はどのように記載するのか教えてください。

A　居住者が国外で保有するビットコインは、国外財産調書（合計表）の対象とはなりませんが、財産債務調書（合計表）の対象となります。

なお、国外財産調書（合計表）の財産の所在地の判定は、基本的には相続税法第10条の規定によることとされていますが、ビットコインの場合はビットコインを有する者の住所で判定します。

解説

その年の12月31日において、5,000万円を超える国外財産を有する居住者（非居住者を除きます）は、所得税の確定申告書の提出義務の有無にかかわらず、国外財産調書を翌年6月30日（令和4年分以前の国外財産調書の提出期限は翌年3月15日）までに所轄税務署長に提出しなければなりません。

国外財産調書の対象となる国外財産とは「国外にある財産」であり、財産が国外にあるかどうかの判定については、基本的には財産の所在の判定について定める相続税法第10条の規定によることとされます。具体的には財産の種類に応じ、その財産の国内外の所在判定を行うことになります。

150　第2章　暗号資産の会計と税務

2023(令和5)年4月の国税庁・国外財産調書制度(FAQ)「Q6　財産の所在」に掲載されている判定表のうち、主な財産のみ次の表に抜粋します。

	財産の種類	国内又は国外の所在判定	記載事項
1	動産若しくは不動産又は不動産の上に存する権利	その動産又は不動産の所在	用途別及び所在別の地所数、面積及び価額等
5	預貯金	預貯金の受入れをした営業所又は事業所の所在	種類別、用途別及び所在別の価額
17	有価証券（※）	口座が開設された金融商品取引業者の営業所等の所在	種類別、用途別及び所在別の数量、及び価額並びに取得価額
21	1から20までに掲げる財産以外の財産	その財産を有する者の住所	用途別及び所在別の数量及び価額

※　金融商品取引業者等の営業所等に開設された口座に係る振替口座簿に記載等がされているもの。

　一方、財産債務調書は令和4（2022）年度税制改正により、提出義務者と提出期限の見直しが行われました。

　2022(令和4)年以前は、その年分の総所得金額が2,000万円を超え、かつ、12月31日において3億円以上の財産または1億円以上の国外転出特例対象財産(有価証券等、未決済信用取引、未決済デリバティブ取引等)を有する場合は、財産債務調書を翌年の3月15日までに所轄税務署長に提出しなければなりませんでした。

　2023(令和5)年以後は、改正前の提出義務者のほか、その年の12月31日において、その合計額が10億円以上の財産を有する方も提出義務者に加えられることになりました。また提出期限が翌年の6月30日に後倒しされました。

　なお、国外財産調書を提出する方が、同時に財産債務調書を提出する

場合は、その財産債務調書には、国外財産の価額の合計額だけ記載すれば足りることになります。

　国外財産調書、及び財産債務調書に記載する価額は、その年の12月31日における「時価」または時価に準ずる「見積価額」によることとされています。

　暗号資産の価額については、暗号資産FAQ7－2において、活発な市場が存在する暗号資産は、財産債務調書を提出される方が取引を行っている暗号資産交換業者が公表するその年の12月31日における取引価格を時価として記載する、とされています。

　また、活発な市場が存在しない暗号資産は、見積価額を記載します。具体的には、以下のように算定された価額をいいます。

　　①　その年の12月31日における売買実例価額(12月31日の売買実例価額がない場合は、12月31日前の最も近い日)

　　②　①がない場合は、その年の翌年1月1日から財産債務調書の提出期限までの譲渡価額

　　③　①及び②がない場合は、取得価額

　ご質問の国外財産調書の対象については、暗号資産が上記表の21「1～20までに掲げる財産以外の財産」に該当し、その財産を有する者の住所で国内外の判定をすることになります(国外送金等調書規則12③六、15②)。

　またご質問の方は、日本の居住者、つまり住所は日本国内ですから、海外のビットコイン取引所で保有しているビットコインであっても国内財産となりますので、国外財産調書の対象とはなりません。株式などの有価証券のように、ビットコインを預けているビットコイン取引所の所在地で判定するのではないのでご注意ください。

　一方、財産債務調書の財産の対象については、国内・国外を問わないため、国外財産調書の対象にはならなかったビットコインも対象となります。

152　第2章　暗号資産の会計と税務

財産債務調書を提出する場合の記載方法は、以下のとおりです。

財産債務の区分	種類	用途	所在	数量	財産の価額又は債務の金額
その他の財産	暗号資産（ビットコイン）	一般用	（アメリカ）○○州△△通り5000	100BTC	300,000,000円（※）

※　12月31日レート：1 BTC＝3,000,000円
　　100BTC×3,000,000円＝300,000,000円

なお、「財産債務調書合計表」には、財産の区分として新たにその他の財産の中に「暗号資産」欄が設けられています。

第2節　個人編　153

Q 37 暗号資産取引の国内源泉所得の判定

　私は、主に暗号資産の投資事業を行っているニューヨーク在住の日本人です。日本には居所や事務所などを持っていません。この度、日本の個人投資家へ暗号資産を売却するために来日し、取引を行いました。具体的には、主に海外の取引所で購入した暗号資産をスマートフォンのウォレットに保管して来日し、価格交渉が成立した後、直接私のウォレットから購入者のウォレットに暗号資産を送金し、現金を受け取る方法で売買を行いました。私は、日本で税金を支払う義務があるでしょうか？

A　日本国内に住所や居所を有していない者は、日本の税制上は非居住者に該当し、国内源泉所得についてのみ日本での納税義務が生じます。日本国内での暗号資産の送信手続きによる売買は、国内源泉所得には該当せず、日本での税金の申告及び納税の義務は生じないものと考えられます。

解 説

1　所得税の取扱い

　非居住者、外国法人が保有する暗号資産を日本の暗号資産交換業者に譲渡することにより生ずる所得は、所得税の課税対象になりません（暗号資産FAQ 1 － 7 ）。

　国税庁の暗号資産FAQで明らかになった事例では、売却先が日本の暗号資産交換業者であることから具体的な売却手続はインターネット上の操作で行われたと想定され、その操作場所は、明示されておりませんが、解説のなかで国内源泉所得に該当するものとして「⑥　非居住者が国内に滞在する間に行う国内にある資産の譲渡による所得」が挙げられ、

154　第 2 章　暗号資産の会計と税務

これに該当しないことから所得税の課税対象とされないと記載されています。今回ご質問の非居住者が日本国内で暗号資産を譲渡した場合においても、国内にある資産の譲渡ではないため国内源泉所得に該当せず、日本での納税義務はないと判断してよいと考えられます。これは、現行の所得税では、暗号資産の譲渡は資産の譲渡等には該当せず、雑所得（もしくは事業所得）に区分するとされているため、この取扱いとの整合性から上記の結論になったものと考えられます。

　また、今回の事例に記載されている所得税の国内源泉所得の範囲については所得税法第161条に規定されていますが、その第17号に「前各号に掲げるもののほかその源泉が国内にある所得として政令で定めるもの」と規定され、具体的な内容が所得税法施行令に次のとおり規定されています(所令289)。

① 　国内において行う業務または国内にある資産に関し受ける保険金、補償金または損害賠償金(これらに類するものを含む)に係る所得

② 　国内にある資産の法人からの贈与により取得する所得

③ 　国内において発見された埋蔵物または国内において拾得された遺失物に係る所得

④ 　国内において行う懸賞募集に基づいて懸賞として受ける金品その他の経済的な利益(旅行その他の役務の提供を内容とするもので、金品との選択ができないものとされているものを除く)に係る所得

⑤ 　前3号に掲げるもののほか、国内においてした行為に伴い取得する一時所得

⑥ 　前各号に掲げるもののほか、国内において行う業務または国内にある資産に関し供与を受ける経済的な利益に係る所得

暗号資産の譲渡が、上記①〜⑤には該当しないことは明確に判断できますが、⑥については、例えば暗号資産の売買を事業として行っている非居住者が日本国内において今回の質問のような形態で暗号資産の譲渡

第2節　個人編　155

を行った場合、「国内において行う業務」に該当するか否かについては、議論が残るところと考えられます。

② 消費税の内外判定

消費税では課税対象取引を確定するため、その取引が国内取引であるか国外取引であるかの内外判定が必要になります。この内外判定は、取引を資産の譲渡または貸付けの場合と、役務の提供の場合に区分して行います。

暗号資産の譲渡取引は、消費税では、資産の譲渡に該当すると考えられ、その場合、原則は譲渡の対象となった資産の譲渡の時における所在場所で判定することになります。また、譲渡の時における所在場所が明らかでない場合は、譲渡等を行う者のその譲渡等に係る事務所等の所在場所で判定することになります(消令6①十)。

暗号資産は、コインや紙などの表象するものはありますが、本来は、「もの」ではなく、全世界で共有されているブロックチェーンというプラットホーム上の記録(データ)であるため、その所在場所が明らかでない場合に該当することになり、その取引の当事者となった者のその譲渡等に係る事務所等の所在場所で判定することになります。

今回のご質問のように、国内に居所や事務所を持っておらず、例えば、国内の会議室や喫茶店で取引を行ったとしても、そこは、一時的に利用している場所にすぎず譲渡等に係る事務所等には該当しないため、国内取引には該当しないと考えられます。

156　第2章　暗号資産の会計と税務

Q 38 国外転出時課税

> 日本の居住者である私はビットコインを100BTC保有しています。ビットコインは現物取引のみ行っており、信用取引やデリバティブ取引は行っていません。現在、１年以上の海外移住を考えています。時価１億円以上の有価証券を所有している場合、国外転出時課税の対象となり、所得税の確定申告が必要であると知りました。
>
> 私が所有しているビットコインは、有価証券と同様に、国外転出時課税の対象資産となりますか？

A 現物で取引をしている暗号資産は、国外転出時課税の対象となりません。

一方、日本国内で行う暗号資産の信用取引、及び、日本国内・日本国外で行うデリバティブ取引に係る未決済の残高は、国外転出時課税の対象資産となります。

解説

国外転出時課税は、国外転出をする一定の居住者が１億円以上の有価証券等（以下「対象資産」という）を所有等している場合に、国外転出時に譲渡または決済があったものとみなして、対象資産の含み益に所得税が課税されます。

国外転出時課税の対象資産は、①有価証券（株式、投資信託等）、②金融商品取引法第156条の24第１項に規定する未決済の信用取引、③金融商品取引法第２条第20項に規定する未決済のデリバティブ取引です。

現物で取引している暗号資産は、上記①の金商法上の有価証券に該当しないため、その残高は国外転出時課税の対象資産となりません。

②の信用取引、及び、③のデリバティブ取引に係る未決済残高は、国外転出時課税の対象となります。

第２節　個人編　157

②に規定する未決済の信用取引は、次のように定義されています。

〈金融商品取引法第156条の24第1項〉

> （免許及び免許の申請）
> 　金融商品取引所の会員等又は認可金融商品取引業協会の協会員に対し、金融商品取引業者が顧客に信用を供与して行う有価証券の売買その他の取引(以下「信用取引」という。)その他政令で定める取引の決済に必要な金銭又は有価証券を、当該金融商品取引所が開設する取引所金融商品市場又は当該認可金融商品取引業協会が開設する店頭売買有価証券市場の決済機構を利用して貸し付ける業務を行おうとする者は、内閣総理大臣の免許を受けなければならない。

③に規定する未決済のデリバティブ取引は、次のように定義されています。

〈金融商品取引法第2条第20項〉

> （定義）
> 　この法律において「デリバティブ取引」とは、市場デリバティブ取引、店頭デリバティブ取引又は外国市場デリバティブ取引をいう

上記②③より、日本国内で行う暗号資産の信用取引、ならびに、日本国内及び日本国外で行うデリバティブ取引に係る未決済の残高は、国外転出時課税の対象資産となります。

ご質問の場合、現物取引をしているビットコインは、国外転出時課税の対象資産となりません。

Q 39 暗号資産を贈与した場合

　私(84歳)は、昨年妻が亡くなったことをきっかけに、将来について資産を整理しないといけない、と日々悩んでいました。先日知人から、相続対策には生前贈与が有効と聞いたので、来春に結婚予定の孫(28歳)へ保有していたビットコイン0.1BTCを贈与しました。この場合、税務上の取扱いはどのようになるのでしょうか？

A　暗号資産の贈与については、孫に贈与税が発生する可能性があります。今回は「暦年課税」であれば、年間110万円までの贈与に対しては、贈与税は発生しません。

解 説

1　贈与税の取扱い

　暗号資産を保有している人のなかには、最近になって高齢者の方も増えてきました。自ら保有している暗号資産を孫に贈与した場合、「贈与した時点での時価」によって贈与税の計算をします。

　「贈与した時点での時価」については、現時点では、2022年12月に国税庁のホームページに公表された暗号資産FAQ4－1に基づいて評価することとなります。

　暗号資産については、評価通達に定めがないことから、評価通達5（評価方法の定めのない財産の評価）により、評価通達に定める評価方法に準じて評価することになります。

　この場合、活発な市場が存在する暗号資産については、活発な取引が行われることによって一定の相場が成立し、客観的な交換価値が明らかとなっていることから、外国通貨に準じて、相続人等の納税義務者が取引を行っている暗号資産交換業者が公表する課税時期における取引価格

第2節　個人編　159

によって評価します。

　活発な市場が存在しない暗号資産の場合には、客観的な交換価値を示す一定の相場が成立していないため、その暗号資産の内容や性質、取引実態等を勘案し個別に評価することとなります。

　贈与税には、「暦年課税」と「相続時精算課税」のふたつの計算方法があり、「暦年課税」はさらに「一般贈与財産(兄弟間の贈与、夫婦間の贈与、親から子への贈与で子が未成年者の場合)」と、「特例贈与財産(祖父から孫への贈与、父から子への贈与の場合)」に区分されます。

　「特例贈与財産」は、直系尊属(祖父母や父母など)から、その年の1月1日において18歳以上の者(子、孫など)の贈与が対象となりますので、今回ご質問の贈与は「特例贈与財産」に該当します。

　まずは「暦年課税」を例にとって説明します。

　祖父母が保有している、0.1BTC(1BTC＝3,000,000円)を孫に贈与した場合、「贈与した時点での時価」は3,000,000円×0.1BTC＝300,000円となります。

　「暦年課税」の場合、年間110万円まで非課税なので、この場合は贈与税はかかりません。「贈与した時点での時価」が110万円を超える場合には、贈与した年の翌年2月1日〜3月15日までの間に、贈与税の申告と納税が必要となります。

　「相続時精算課税」の場合、孫が18歳以上であることやその他の条件を満たせば、2,500万円までの贈与には贈与税はかかりません。

　また、2024(令和6)年以降は「相続時精算課税」の場合についても、毎年贈与額から基礎控除110万円を控除できるようになります。

　ただし相続時精算課税を選択した場合には、将来相続が発生したとき、相続時の財産に年間110万円を超えて生前贈与した分を合算した金額に相続税がかかってくることや、その孫との関係では「暦年課税」を使った相続税の節税策がとれなくなる、といったデメリットもあるため、慎重に判断する必要があります。

2 所得税の取扱い

　個人が他の個人または法人に暗号資産を贈与した場合、暗号資産の贈与については譲渡の一形態と考え、贈与者が暗号資産を購入後の含み益については所得税が課税されます。

　また受贈者は、贈与者の購入時の取得費を引き継ぐことはせず、将来売却等する場合には、その贈与時の暗号資産の時価を取得費として計算する必要があります。

　暗号資産を贈与した場合には、贈与者について確定申告の要否を検討する必要があるため、申告漏れの無いよう注意が必要です(所法40、所令87)。

　暗号資産を低額譲渡した場合の計算方法については、「Q41　暗号資産を低額(無償)で譲渡した場合」を参照してください。

第2節　個人編　161

Q 40　暗号資産を相続、遺贈によって取得した場合

先月亡くなった父は、ここ2・3年にわたり暗号資産(主にビットコイン)の取引を行っていました。今年に入ってからも頻繁に売買をしていたと母から聞いていますが、残っているビットコインの相続時の評価額はどのように計算しますか?

A　相続人等の納税義務者が取引を行っている暗号資産交換業者が公表する、亡くなった日の「取引価格」と「ビットコインの数量」を基に計算することになります。

解説

1　相続税の取扱い

相続税とは人が亡くなったことにより、死亡した人の財産を相続や遺贈によって取得した場合に、その取得した財産を対象として課税するものです。

相続財産となるものは、金銭に見積ることができる経済的価値のあるもの全てをいいます。そのため、その資産が「有形」か「無形」かは問いません。亡くなった時に所有していた土地・家屋・立木・事業用財産・有価証券・家庭用財産・貴金属・宝石・書画・骨とう・電話加入権・預貯金・現金などの一切の財産です。

相続等により取得した財産の価額(価値)がいくらになるのか、相続税法では第22条で「相続、遺贈又は贈与により取得した財産の価額は、当該財産の取得の時における時価により、当該財産の価額から控除すべき債務の金額は、その時の現況による」と原則的な評価の方法を規定し、その時価の具体的な内容は、相続や贈与の際の評価額の算定方法を規定する「財産評価基本通達」によることとされています。

162　第2章　暗号資産の会計と税務

暗号資産の評価方法については、評価通達に定めが無いことから、評価通達5(評価方法の定めのない財産の評価)の定めに基づき評価することとされています(暗号資産FAQ4－2)。

　このFAQでは、ビットコインは継続的に価格情報が提供されている暗号資産なので、外国通貨に準じて、相続人等の納税義務者が取引を行っている暗号資産交換業者が公表する課税時期における取引価格によって評価すること、とされています。

　亡くなった日の「取引価格」と「ビットコインの数量」は、相続人等が暗号資産交換業者に依頼をすると、「残高証明書」等を交付してくれるので、それを基に計算していきます。

　また、継続的に価格情報が公表されていないような暗号資産については、一定の相場が成立していないため、取引実態等を踏まえて、個別に評価する必要があります。

　最後に、相続発生時に、被相続人が3BTC(相続発生時の取引価格1BTC＝3,000,000円)を保有していた場合の、相続税申告書の記載例を見てみましょう。

【相続税申告書第11表の記載例】

相続税がかかる財産の明細書

(相続時精算課税適用財産を除きます。)

財　産　の　明　細				数　　量 固定資産税 評　価　額	単　価 倍　　数	価　額
種　類	細　目	利用区分、 銘　柄　等	所在場所等			
預貯金		普通預金	○○銀行 ○○支店			円 2,000,000
暗号 資産		ビット コイン	○○取引所	3BTC	3,000,000	円 9,000,000

第2節　個人編　**163**

2 所得税の取扱い

　なお、暗号資産を相続人以外の個人または法人に特定遺贈した場合には、相続開始時の暗号資産の評価額を、被相続人の雑所得等の総収入金額に算入する必要があります（「Q39　暗号資産を贈与した場合　2 所得税の取扱い」を参照してください）。

　亡くなった年の確定申告についてですが、相続人が、その年の1月1日から亡くなった日までに確定した所得金額及び税額を計算して、相続の開始があったことを知った日の翌日から4か月以内に申告と納税をしなければなりません。これを準確定申告といいます。

　被相続人が、生前暗号資産の購入後に相続発生時までに含み益がある場合には、準確定申告に反映させる可能性がありますので、注意が必要となります。

Q 41 暗号資産を低額（無償）で譲渡した場合

　今年に入り、所有している暗号資産を購入時と同額にて売却すること
になりました。

　購入時と同額で売却したので売却益は無いと思うのですが、実は売却
時の相場よりも安く売却していたことがわかりました。この場合、安く
売却したことが逆に影響して、確定申告が必要になることはあります
か。

- 3月15日に2BTCを3,000,000円で購入（1BTC＝1,500,000円）
- 9月16日に2BTCを3,000,000円で売却

（注）　売却時における交換レートは1BTC＝3,000,000円である。
　　　売却時の手数料については考慮しない。

A　上記の場合、総収入金額は4,200,000円（時価の70％相当額）として計算しますので、所得金額を1,200,000円として確定申告が
必要となります。

解 説

　個人が、時価よりも著しく低い価額で暗号資産を他の個人や法人に移
転させた場合には、その対価の額とその譲渡の時における暗号資産の価
額との差額のうち実質的に贈与したと認められる金額を総収入金額に算
入する必要があります。

　なお「時価よりも著しく低い価額の対価による譲渡」とは、時価の70
％相当額未満で売却する場合をいいます。また「実質的に贈与したと認
められる金額」は、時価の70％相当額からその対価の額を差し引いた金
額となります（暗号資産FAQ4－2、所基通40－2）。

　上記の場合には、以下のとおり低額譲渡に該当するため、総収入金額
に算入される金額は4,200,000円となります。

第2節　個人編　**165**

〔計算式等〕

○低額譲渡に該当するかどうかの判定

① 売却価額：3,000,000円

② 時価の70％相当額：6,000,000円×70％＝4,200,000円

③ ①＜②であることから、売却価額は、時価の70％相当額未満であり、低額譲渡に該当します。

○総収入金額算入額低額譲渡に該当する場合の総収入金額は、実際の売却価額に加えて、時価の70％相当額との差額を総収入金額に算入することとなります。

3,000,000円［実際の売却価額］＋（4,200,000円－3,000,000円）［時価の70％相当額との差額］＝4,200,000円［総収入金額算入額］

○所得金額の計算

4,200,000円［総収入金額］－3,000,000円［譲渡原価］＝1,200,000円［所得金額］

Q 42 暗号資産の国内財産、国外財産の判断基準

　今年亡くなった父は、亡くなる1年前に長年の夢であった海外移住をすることになり、現地で人生を終えました。日本にいる間から国内の交換所でビットコインの取引を始め、移住後は新たに海外の交換所でも取引をしていたようです。

　日本の相続税を計算するには国内財産と国外財産を分ける必要があると聞きましたが、どのような基準で判断すればよいでしょうか？　ちなみに私も仕事の関係で、3年前より海外に移住し暮らしております。

A 　その財産を有する者の住所地で判断することになります。被相続人と相続人いずれも国内に住所は無いが、相続開始より10年以内に日本に住所があったため、国内・国外財産ともに相続税の対象となります。

解説

　相続税では、原則として被相続人から相続または遺贈により財産を取得した個人（相続人）に対して国内財産・国外財産とも課税の対象となりますが、相続人が制限納税義務者に該当する場合には、財産が国内財産か国外財産かの、判断が必要となります。

　相続する財産が、国内または国外のいずれかに所在するかについて相続税法第10条において財産ごとに相続・遺贈または贈与によって取得した時の現状により判定することとされています。

　そのなかで、暗号資産の所在の判定については、その財産を有する者の住所地で国内外を判定することになります。

　ご質問の方は、住所地が国外になりますので、国外財産に該当することになります。

　ちなみに、ご質問の方は、被相続人・相続人いずれも相続開始より

第2節　個人編　**167**

10年以内に日本に住所を有していたため、無制限納税義務者に該当し、国内財産・国外財産とも相続税の対象となります(表中の斜線部をご覧ください)。

〈参考〉国税庁タックスアンサー「No. 4138　相続人が外国に居住しているとき」
（https://www.nta.go.jp/taxes/shiraberu/taxanswer/sozoku/4138.htm）

〔参考〕無制限納税義務者と制限納税義務者

　相続税では、被相続人の国内外の全ての財産について納税義務を負う居住無制限納税義務者及び非居住無制限納税義務者と、国内財産についてのみ納税義務を負う制限納税義務者を、次のとおり区分しています。

【相続税・贈与税の納税義務者】

被相続人 贈与者 ＼ 相続人 受贈者	国内に住所あり	国内に住所なし		
		日本国籍あり		日本国籍なし
	短期滞在の外国人（※1）	10年以内に住所あり	10年以内に住所なし	
国内に住所あり				
短期滞在の外国人（※1）				
国内に住所なし｜10年以内に住所あり	国内・国外財産ともに課税			
短期滞在の外国人（※2）			国内財産のみに課税	
10年以内に住所なし				

※1　出入国管理及び難民認定法別表第1の在留資格の者で、過去15年以内において国内に住所を有していた期間の合計が10年以下のもの

※2　日本国籍のない者で、過去15年以内において国内に住所を有していた期間の合計が10年以下のもの

出所：財務省「平成29年度税制改正の解説　相続税法の改正」（一部改変）

168　第2章　暗号資産の会計と税務

Q 43 暗号資産による相続税の物納の可否

過日、父が亡くなったことにより相続が発生し、相続財産には不動産や株式のほか、ビットコインやイーサリアムなどの暗号資産も含まれていました。相続税には物納の制度があると聞いていますが、父から相続した暗号資産により相続税を納付することはできますか？

A 相続税の物納は、申請手続が必要であり、税務署長による許可がされたものに限られるため、暗号資産による物納は認められないと考えます。

解説

国税の多くは金銭による一括納付を原則としますが、相続税については、課税物件を相続財産とする資産課税である点や、一時に多額の納税資金を要する場合があることから、例外的に特例として、分割で納付する「延納」と、一定の相続財産で納付する「物納」の制度が設けられています。

したがって、原則である金銭一括納付に対し、延納も物納も一定の要件をクリアした場合に限り認められる納付方法です。

相続税の物納が認められるためには、次の要件を全て満たし、税務署長による許可が必要となります。

① 延納によっても金銭納付が困難、かつ、困難とする金額を限度としている

② 申請財産が国内にある下記の種類の財産であり、下記の順位によっている

- 第1順位：不動産・船舶・国債証券・地方債証券・上場株式等
- 第2順位：非上場株式等
- 第3順位：動産

第2節　個人編　**169**

③　物納適格財産である(管理処分不適格財産に該当しない)

④　物納申請書に物納手続関係書類を添付して、申請期限内に提出する

　上記の要件①にある金銭納付を困難とする金額の算定では、換価の容易な財産の金額が、延納許可限度額や物納許可限度額から除かれます。

　換価の容易な財産の具体例は、確実に取り立てることができると認められる債権や、容易に契約が解除でき解約等による負担が少ない積立金・保険金などですが、暗号資産が「市場性のある財産で速やかに売却等の処分をすることができるもの」として換価の容易な財産と判断される可能性は想定されます。

　要件②については、以前の平成29(2017)年度税制改正において順位と財産の範囲の見直しがありましたが、暗号資産やこれに類するものは挙げられていません。

　これらを考慮すると、ビットコインやイーサリアムをはじめとする暗号資産による物納は、認められない(許可されない)と考えられます。

　なお、国税の金銭による納付方法に関しては、従来からの税務署窓口や金融機関での納付に加え、納税者の利便性の向上のため、2017年からクレジットカード納付、2019年からコンビニ納付も開始されましたが、暗号資産納付は本書執筆時現在ありません。

Q 44 相続によって取得した暗号資産を売却した場合の取得費加算の特例

　昨年亡くなった父は、生前にビットコインの取引を行っていました。亡くなった際に保有していたビットコインを私が相続し、今年に入ってから全てを売却しました。相続により取得した資産を譲渡した場合に特例があると聞きましたが、ビットコインの売却でも適用されますか？

A　ビットコインの譲渡は、事業等とされるものを除き、雑所得（その他雑所得）に該当します。これに対して、相続によって取得した資産の譲渡に適用される取得費加算の特例は譲渡所得における特例となります。従って、ご質問のビットコインの売却においては、取得費加算の特例は適用できないものと思われます。

解説

　ご質問にある特例は、相続税が取得費に加算される特例（相続財産を譲渡した場合の取得費の特例）のことを指しているものと思われます。

　この特例は、租税特別措置法第39条に規定されており、相続または遺贈によって土地や建物等の財産を取得した個人が、相続した財産を一定期間内に譲渡した場合に、相続税額を基準に一定の算式により計算された金額を譲渡した資産の取得費に加算することができるというものです。

　具体的な特例を受けることができる要件は、以下のとおりとなります。

- 譲渡した者が相続や遺贈により財産を取得した者であること
- 上記の財産を取得した人に相続税が課税されていること
- 相続または遺贈により取得した財産を、相続開始のあった日の翌日から相続税の申告期限の翌日以後３年を経過する日までに譲渡していること

第2節　個人編　171

次に、この特例が所得税法における所得区分のうち、どの所得における特例であるかというと、譲渡所得のみの特例となります。

　国税庁のタックスアンサー「No. 3267　相続財産を譲渡した場合の取得費の特例」においても、注書きにおいて「この特例は譲渡所得のみに適用がある特例ですので、株式等の譲渡による事業所得及び雑所得については、適用できません。」と記載されていることからも明らかです。

　では、ビットコインの譲渡による収入が所得税法における所得区分のうち、どの所得になるかというと、暗号資産FAQ2－2により、「暗号資産取引により生じた損益は、邦貨又は外貨との相対的な関係により認識される損益と認められますので、原則として、雑所得（その他雑所得）に区分されます。」とされています。

　つまり、ビットコインの譲渡による収入は、事業所得等となるものを除き、原則として雑所得になるとされています。

　従って、ご質問の場合におけるビットコインの売却による収入については、売却したビットコインが相続により取得した財産ではあるものの、譲渡所得ではなく原則として、雑所得に該当することから、相続税が取得費に加算される特例（相続財産を譲渡した場合の取得費の特例）の適用を受けることはできません。

172　第2章　暗号資産の会計と税務

第 3 章

NFT の 会計と税務

Q 45 NFTを組成して第三者へ譲渡した場合（一次流通）

私は本業で、デジタルのイラストレーションや絵画を制作していますが、最近知人の勧めでNFTについて興味を持ち、早速デジタルアート作品を制作し、オフチェーンでアップロードしました。

次にマーケットプレイスにてブロックチェーン上でNFTをアップロードし、プラットフォーム事業者を通じて、そのデジタルアート作品を紐付けたNFTを閲覧できる権利を第三者に付与したことにより利益を得ました。この場合の税務上の取扱いを教えてください。

A NFTを閲覧できる権利を付与したことにより得た利益は、所得税の課税対象となります。

解説

1 所得税の取扱い

所得税法における所得とは、収入等の形で新たに取得する経済的価値と解されており、ご質問の場合、収入等の形で新たに経済的価値を取得したと認められることから、所得税の課税対象となります。

ご質問の取引は、NFTの製作者がデジタルアートの閲覧に関する権利を付与する「一次流通」（著法63①）に該当し、当該取引から生じた所得は、雑所得（または事業所得）に区分されます。

この場合の雑所得の金額は、次の算式で計算します（NFTFAQ 1 参照）。

【算式】雑所得の金額＝NFTの譲渡収入－NFTに係る必要経費

（注1）NFTの譲渡収入をマーケットプレイス内で通貨として流通するトークンで受け取った場合には、そのトークンの時価が譲渡収入とな

174 第3章 NFTの会計と税務

ります。

ただし、そのトークンが暗号資産などの財産的価値を有する資産と交換できないなどの理由により、時価の算定が困難な場合には、譲渡したNFTの市場価額(市場価額がない場合には、譲渡したNFTの売上原価等)をそのトークンの時価と取り扱って差し支えありません。

(注2) NFTに係る必要経費とは、NFTの譲渡収入を得るために必要な売上原価の額並びに販売費及び一般管理費の額などをいいます。なお、NFTの売上原価は、そのNFTを組成するために要した費用の額となり、デジタルアートの制作費は含まれません。

(注3) 雑所得の金額が赤字の場合(損失が生じた場合)には、他の所得との損益通算はできません(雑所得内の通算は可能です。)。

　なお、デジタルアート自体を第三者に有償で売却した場合には、著作権の譲渡となり譲渡所得(総合課税)に区分されることとなります。詳しくはQ47を参照してください。

2　法人税の取扱い

　ご質問の取引を法人で行った場合には、譲渡対価を売上高として計上します。NFTを付与した一次流通の利益は、所得税と同様に、法人税の課税対象となります。この場合、その付与をした日を含む事業年度の益金の額に算入すべき金額は、その適正な対価の額となります。

175

Q 46 購入したNFTを第三者に転売した場合 (二次流通)

私は会社員です。今年から、デジタルアートの制作者からデジタルアートが紐付いたNFTを10ETHで購入し、そのデジタルアートを閲覧することになりました。このほど副収入を得る目的で、マーケットプレイスを通じて、そのNFTを第三者に15ETHで転売しました。

転売完了後、マーケットプレイスの手数料0.375ETH及び制作者へのロイヤリティ1.5ETH控除後の額がウォレットに入金されました。また転売の出品時に、ガス代(取引承認手数料)として0.01ETHを支払いました。これにより私が有していた「デジタルアートの閲覧に関する権利」が第三者に移転しました。この場合の税務上の取扱いを教えてください。

A 所得税では、マーケットプレイスで購入したデジタルアートの閲覧ができるNFTを、第三者に転売したことにより得た利益は、課税所得として認識されます。継続的な取引ではなく投資目的であれば、総合課税の譲渡所得として確定申告が必要となる場合があります。

解説

1 所得税の取扱い

暗号資産の売却による利益は原則として雑所得として扱われます。NFTの売買は暗号資産を用いて売買することが多いのですが、NFTの売却に係る税務を考える上で、NFTの制作者がNFTデジタルアートの閲覧に関する権利を付与する「一次流通」(著法63①) と、一次流通で購入したNFTデジタルアートの閲覧に関する権利を売買する「二次流通」(著法63③)に分けて考える必要があります。転売以後は、全て二次流通になります。なお「一次流通」の利益は原則として雑所得となりますので、

176　第3章　NFTの会計と税務

Q45を参照してください。

NFTを転売する二次流通の利益は、「デジタルアートの閲覧に関する権利」の譲渡であることを前提に、原則として総合課税の譲渡所得として認識されます（NFTFAQ4）。

この場合の譲渡所得の金額は、次の算式で計算します。

【算式】譲渡所得の金額＝NFTの転売収入－NFTの取得費－NFTの譲渡費用－特別控除額

（注1）NFTの転売収入をマーケットプレイス内の通貨として流通するトークンで受け取った場合には、そのトークンの時価が転売収入となります。

　ただし、そのトークンが暗号資産などの財産的価値を有する資産と交換できないなどの理由により、時価の算定が困難な場合には、転売したNFTの市場価額（市場価額がない場合には、転売したNFTの取得費等）をそのトークンの時価と取り扱って差し支えありません。

（注2）NFTの取得費とは、そのNFTの購入代価と購入の際に要した費用の合計額となります。

（注3）NFTの譲渡費用とは、譲渡に要した費用の額をいいます。

（注4）総合課税の譲渡所得の特別控除の額は50万円です。

　なお、譲渡益（譲渡収入から取得費及び譲渡費用を差し引いた後の金額）が50万円以下のときは、その金額までしか控除できません。

（注5）譲渡所得の金額が赤字となった場合（損失が生じた場合）には、他の所得との損益通算が可能です。ただし、そのNFTが主として趣味、娯楽、保養又は鑑賞の目的で所有していたものである場合には、他の所得との損益通算はできません（総合譲渡所得内の通算は可能です。）。

上記【算式】の「NFTの転売収入」に関し、NFTの二次流通時に、NFTの制作者にロイヤリティが支払われることがあります。一般的には二次流通で転売されるたびに、転売された額の5〜10%程度を転売収入からロイヤリティとして控除し、マーケットプレイス事業者からNFTの制作者に支払われます。

このロイヤリティの額は、NFTの転売収入の額から控除して計算する、またはNFTの譲渡費用として計算すると考えます。

177

一方、二次流通のロイヤルティの受取側であるNFTの制作者は、当ロイヤルティの額について雑所得(もしくは事業所得)の収入金額となります。

　総合課税の譲渡所得の金額は上記のように計算し、特別控除額が最大50万円あります。

　ご質問の場合の所得計算は以下のとおりです。なお、所有期間は5年以内の短期とします。

- 購入時レート：1ETH＝200,000円
- 転売時レート：1ETH＝300,000円

譲渡所得の金額＝NFTの転売収入－NFTの取得費－NFTの譲渡費用
　　　　　　　－特別控除額
　　　　　　＝3,937,500円－2,000,000円－3,000円－500,000円
　　　　　　＝1,434,500円

転売収入：(15ETH－1.5ETH－0.375ETH)×300,000円＝3,937,500円
取　得　費：10ETH×200,000円＝2,000,000円
譲渡費用：0.01ETH×300,000円＝3,000円

　また、NFT購入から売却までの所有期間によって短期と長期の2つに分かれます。所有期間が5年以内は短期譲渡所得となり、全額が総合課税の対象になりますが、所有期間が5年超の長期譲渡所得の金額はその2分の1が総合課税の対象になります。

　一方、NFTの転売を棚卸資産の譲渡または営利を目的として継続的に行われる場合は、事業所得または雑所得に区分されます。

　ご質問のケースは、継続的な取引ではなく投資目的であり、所有期間が5年以内であることから、総合課税の短期譲渡所得となります。

２　法人税の取扱い

　NFTを転売した二次流通の利益は、所得税と同様に、法人税の課税対象となります。この場合、その転売をした日を含む事業年度の益金の

額に算入すべき金額は、その適正な対価の額となります。

　会計上は、購入時に無形固定資産として資産の部に計上し、転売に係る売却損益は、固定資産売却益(損)として計上することになると考えます。

Q 47 デジタルアート制作者がNFT化したデジタルアートを第三者に譲渡した場合

　私は会社員です。今年から副収入を得る目的で、自己制作したデジタルアートをマーケットプレイスにNFT化して出品し、第三者に販売しました。このNFTは著作権の譲渡をする契約になっており、著作権者の地位が私から第三者に移転します。

　この場合の税務上の取扱いを教えてください。

A　NFT化したデジタルアートの第三者への譲渡が、著作権の譲渡に該当する場合、その譲渡により得た利益は所得税の課税対象となります。継続的な取引ではなく投資目的であれば、総合課税の譲渡所得として確定申告が必要となる場合があります。

解説

1　所得税の取扱い

　自己制作したNFTデジタルアートを譲渡する場合、多様なパターンで譲渡することが考えられますが、税務を考える上では、以下のいずれに該当するのか契約や取引内容などを確認し判断する必要があります。

　①　NFTデジタルアートの著作権の譲渡

　②　NFTデジタルアートの利用の許諾(閲覧に関する権利)

　①のケースは著作権の譲渡(著法61①)に該当します。著作権者が制作者から購入者に移転し、制作者としての販売は1回きりで、販売後に収入は得られません。

　所得税法上、著作権の譲渡は原則として、総合課税の譲渡所得となります。

　なお著作権自体の譲渡が、棚卸資産の譲渡または営利を目的として継続的に行われる場合は、事業所得または雑所得に区分されます。

180　第3章　NFTの会計と税務

一方、②のケースは著作物の利用の許諾（著法63①）に該当します。著作権者は制作者のまま購入者には移転せず、購入者はデジタルアートを閲覧できる権利を得たにすぎません。このケースに該当する取引は、NFTの一次流通となりますので、Q45を参照してください。

ご質問のケースは、継続的な取引ではなく投資目的であり、所有期間が5年以内であることから、総合課税の短期譲渡所得となります。

譲渡所得の金額の計算は、Q46を参照してください。

2 法人税の取扱い

NFTの第三者への譲渡が著作権の譲渡に該当する場合、その譲渡による利益は、所得税と同様に、法人税の課税対象となります。この場合、その譲渡をした日を含む事業年度の益金の額に算入すべき金額は、その適正な対価の額となります。

会計上は、購入時に無形固定資産として資産の部に計上し、譲渡に係る売却損益は、固定資産売却益（損）として計上することになると考えます。

181

Q 48 NFTを知人に贈与した場合（受贈者、贈与者の立場から）

私は、自身で製作したデジタルアート作品を、プラットフォーム事業者を通じて、そのデジタルアート作品を紐付けたNFTを知人が閲覧できるように無償で贈与しました。この場合の税金の取扱いを教えてください。

A NFTを知人に贈与した場合、受贈者は贈与税の対象となります。またNFTに経済的価値が認められなければ、贈与者に所得税の課税関係は生じません。

解説

1 贈与税の取扱い

相続税法上、個人が、金銭に見積ることができる経済的価値のある財産を贈与した場合には、贈与税の課税対象となることとされています。

この場合のNFTの評価方法については、評価通達に定めがないことから、評価通達5（評価方法の定めのない財産の評価）の定めに基づき、評価通達に定める評価方法に準じて評価することとなります。

具体的には、評価通達135（書画骨とう品の評価）に準じ、その内容や性質、取引実態等を勘案し、売買実例価額、精通者意見価格等を参酌して評価します（NFTFAQ 9）。

「暦年課税」の場合、「贈与した時点での時価」が110万円を超える場合には、贈与した年の翌年2月1日〜3月15日までの間に、贈与税の申告と納税が必要となります。

2 所得税の取扱い

所得税法における所得とは、収入等の形で新たに取得する経済的価値

182 第3章 NFTの会計と税務

と考えられており、ご質問の場合は新たに経済的価値を取得したとは認められないため、所得税の課税関係は生じません(所法36、NFTFAQ 2)。

Q 49　NFTを相続により取得した場合

今年亡くなった父が、生前にマーケットプレイスにて購入していたNFTを、相続により取得した場合の相続税の取扱いを教えてください。なお、父も相続人も全員日本国内に居住しております。

A　個人から経済的価値のあるNFTを相続もしくは遺贈により取得した場合には、その内容や性質、取引実態等を勘案し、その価額を個別に評価した上で、相続税が課されます。

解 説

1　相続税の取扱い

相続税法上、個人が、金銭に見積ることができる経済的価値のある財産を贈与または相続もしくは遺贈により取得した場合には、贈与税または相続税の課税対象となることとされています。ここでいう「金銭に見積ることができる経済的価値のある財産」として具体的に、マーケットプレイスで売買されているNFTも該当します。

相続税では、原則として被相続人から相続または遺贈により財産を取得した個人(相続人)に対して国内財産・国外財産とも課税の対象となりますが、相続人が制限納税義務者に該当する場合には、財産が国内財産か国外財産かの、判断が必要となります(「Q42　暗号資産の国内財産、国外財産の判断基準」を参照してください)。

ご質問のNFTの所在は、被相続人の住所の所在により判断することになると思われます。ただし、デジタルアート作品自体が相続財産の場合には、財産の所在の判断も異なるかと思いますので、注意が必要となります。

NFTの評価方法については、評価通達に定めがないことから、評価

184　第3章　NFTの会計と税務

通達5（評価方法の定めのない財産の評価）の定めに基づき、評価通達に定める評価方法に準じて評価することとなります。

NFTの場合は、評価通達135（書画骨とう品の評価）に準じ、その内容や性質、取引実態等を勘案し、売買実例価額、精通者意見価格等を参酌して評価します。課税時期における市場取引価格が存在するNFTについては、当該市場取引価格により評価して差し支えありません（NFTFAQ9）。

なお、デジタルアート作品自体の場合には、内容によって著作権として評価するなど、評価方法は異なりますので、注意が必要となります。

2 所得税の取扱い

個人の方が相続や遺贈によりNFTを取得したときには、所得税の課税関係は発生しません。ただし、NFTを法人に遺贈している場合には、相続開始時の時価で譲渡したものとみなして、亡くなった父の譲渡所得を計算（準確定申告）する必要があります。

Q 50　財産債務調書（合計表）、国外財産調書（合計表）への NFTの記載方法

毎年、財産債務調書・国外財産調書を確定申告時に提出しています
が、今年新たに国内外のマーケットプレイスでNFTを購入し保有してい
ます。NFTは財産債務調書（合計表）や国外財産調書（合計表）への記載の
対象になりますか？

A　保有しているNFTが、12月31日において暗号資産などの財産
的価値を有する資産と交換できるものである場合、財産債務調書
への記載が必要になります。

なお、国外財産調書への記載の対象にはなりません。

解説

NFTについては、その年の12月31日におけるNFTの現況に応じ、不
特定多数の当事者間で自由な取引が行われる場合に通常成立すると認め
られる価額を時価として記載します。

その年の12月31日における市場取引価格が存在するNFTについて
は、当該市場取引価格を時価として差し支えありません。

また、財産債務調書に記載する財産の価額は、その財産の時価による
算定が困難な場合、見積価額を算定し記載しても差し支えありません。

NFTの見積価額は、例えば、次の①～③のような方法により算定さ
れた価額をいいます（NFTFAQ14）。

① その年の12月31日における売買実例価額（その年の12月31日にお
ける売買実例価額がない場合には、その年の12月31日前の同日に最も近
い日におけるその年中の売買実例価額）のうち、適正と認められる売
買実例価額

② ①による価額がない場合には、その年の翌年1月1日から財産債
務調書の提出期限までにそのNFTを譲渡した場合における譲渡価

186　第3章　NFTの会計と税務

額

③ ①及び②がない場合には、取得価額

またNFTは、国外送金等調書規則第12条第3項第6号の規定により、財産を有する方の住所の所在により「国外にある」かどうかを判定する財産に該当します。

そして、国外財産調書は、居住者（国内に住所を有し、または現在まで引き続いて1年以上居所を有する個人をいい、非永住者を除きます。）が提出することとされています。

従って、居住者が国外のマーケットプレイスで購入したNFTは、「国外にある財産」とはなりませんので、国外財産調書への記載の対象にはならず、財産債務調書への記載の対象となります。

Q 51 NFTとNFTを交換した

　私は、お気に入りのイラストレーターがNFT化した作品を収集しており、この度、YYさんがNFT（A）を保有していることを知り、自分が所有するNFT（B）との交換を依頼し成立しました。今回、交換において差し出す自分のNFT（B）は10ETHで取得したもので、交換を成立するために支払ったガス代（取引承認手数料）は0.01ETHです。この場合の税務上の取扱いを教えてください。なお、交換したNFTの交換時の価値はNFT（A）とNFT（B）ともに同額で15ETHとします。

A　NFTを交換することは、一度NFTを譲渡してETHなどの暗号資産を取得し、同時にETHをもってNFTを購入することと同様の取扱いとなります。

解説

1 所得税の取扱い

　最近のNFTマーケットプレイスでは、二次流通を活性化するため、また、個人間のSNSなどでの取引詐欺を防ぐため、マーケットプレイス上でNFTを直接交換する機能を実装しているところが多くなってきています。

　所得税法における資産の譲渡とは、「有償無償を問わず、所有資産を移転させる一切の行為」とされており、通常の売買のほか交換も含まれております。NFTを交換することは、一度NFTを譲渡してETHなどの暗号資産を取得し、同時にETHをもってNFTを購入することと同様の取扱いと考えられることから、所得税の課税対象となります。NFTの譲渡が、「デジタルアートの閲覧に関する権利」の譲渡に該当する場合には、当該取引から生じた所得は、原則として、総合課税の譲渡所得に区

188　第3章　NFTの会計と税務

分されることになります。

　なお、NFTの譲渡が、棚卸資産もしくは準棚卸資産の譲渡または営利を目的として継続的に行われる資産の譲渡に該当する場合には、事業所得または雑所得に区分されます。

　購入したNFTを第三者に転売した場合(二次流通)の具体的な取扱いはQ46を参照してください。

　ご質問の場合の所得計算は以下のとおりです。なお、自身で保有していたNFT(B)の所有期間は5年以内の短期とします。

- 購入時レート：1ETH＝200,000円
- 交換時レート：1ETH＝300,000円

譲渡所得の金額＝NFTの売却収入－NFTの取得費－NFTの譲渡費用
　　　　　　　　　－特別控除額＝4,500,000円－2,000,000円－3,000
　　　　　　　　　円－500,000円＝1,997,000円

NFTの売却収入：15ETH×300,000円＝4,500,000円
ＮＦＴの取得費：10ETH×200,000円＝2,000,000円
NFTの譲渡費用：0.01ETH×300,000円＝3,000円

② 法人税の取扱い

　NFTを売却した二次流通の利益は、所得税と同様に、法人税の課税対象となります。この場合、その交換をした日を含む事業年度の益金の額に算入すべき金額は、その適正な対価の額となります(法法22①)。NFTが「デジタルアートの閲覧に関する権利」との前提にたてば、会計上は、無形固定資産として取得時に資産の部に計上し、売却損益は、固定資産売却益(損)として計上することになると考えられます。

③ 消費税の取扱い

　NFTの譲渡が「デジタルアートの閲覧に関する権利」の譲渡との前提においては、「資産の譲渡」と位置付けられるため、国内において事業者

が事業として対価を得て行うものである限り、消費税の課税対象となります。

　なお、当該利用権の譲渡が行われる時における資産の所在場所が明らかでないことから、取引が国内において行われたものかどうかの判定(内外判定)は、譲渡を行う者の譲渡に係る事務所等の所在地が国内かどうかにより行うこととなります(消法4③一かっこ書、消令6①十)。

Q 52 第三者の不正アクセスにより購入したNFTが消失した場合

私は会社員です。今年から副収入を得る目的で、NFTマーケットプレイスからデジタルアートが紐付いたNFTを購入し、そのデジタルアートを閲覧することができました。このほど第三者の不正アクセスにより、購入したNFTが消失しました。所得税の計算上はどのような取扱いになるでしょうか?

A 所得税では、盗難等によりNFT(生活に通常必要でない資産または事業用資産等を除く)が消失した場合、雑損控除の対象となります。

解説

納税者本人または納税者と生計を一にする配偶者その他の親族が保有する生活用資産及び業務用資産(以下「生活用資産等」という)について災害、盗難、または横領によって損害を受けたときには、一定の計算方法により計算された金額を雑損控除として納税者の所得金額から差し引くことができます。

生活用資産等が受けた損害の原因については、震災、風水害、落雷等の自然災害や火災、火薬類の爆発等の自己の意思によらない不可抗力によって受けた災害、盗難または横領による損失が雑損控除の対象となります。ただし、詐欺や脅迫による損失は含まれません。

雑損控除の対象となる資産については、日常生活の上で必要な住宅、家具、現金等とされており、生活に通常必要でない資産(書画、骨董、貴金属等で1組または1個の価額が30万円を超えるもの等)及び事業用資産は除かれます。

ご質問のケースは、第三者の不正アクセスが盗難等に該当し、かつ、そのNFTが生活用資産等に該当する場合は、そのNFTの消失に係る損

失は、雑損控除の対象となります(NFTFAQ 5)。

　雑損控除の計算方法については、Q24を参照してください。

　なお、そのNFTが事業用資産等に該当する場合には、その消失に係る損失について、事業所得または雑所得の金額の計算上、NFTの帳簿価額を必要経費に算入することができます(所法51)。

　また、その損失が事業所得に該当する場合は、無条件に必要経費に算入されるのに対し、雑所得に該当する場合は、その損失が生じた年分の雑所得の金額を限度として必要経費への算入が認められることになります。

Q 53　役務提供の対価として取引先が発行するトークンを取得した場合

　ゲームクリエイターを営む個人事業主です。ゲーム会社から依頼されたゲームエフェクト（炎・煙などのゲーム内の演出効果）の制作の報酬として、金銭ではなく、ゲーム会社が発行するトークンを取得しました。このトークンは、ゲーム会社が販売する商品を購入する際に使用することができます。この場合の所得税の取扱いを教えてください。

A　役務提供の対価として取引先の法人が発行するトークンを取得した場合、所得税の課税対象となります。所得区分は取引先との関係により、給与所得・事業所得・一時所得・雑所得に区分されます。

解説

　所得税の収入金額は所得税法第36条(収入金額)第1項において、「金銭のほか、金銭以外の物・権利・その他経済的な利益の額」と規定されています。

　NFT(非代替性トークン)やFT(代替性トークン)が、暗号資産などの財産的価値を有する資産と交換できるものである場合、そのNFT・FTを用いた取引は、所得税の課税対象となります。役務提供の対価としてNFT・FTを得た場合の所得区分は、取引会社との関係により、次ページ図のとおり給与所得・事業所得・一時所得・雑所得の4つに区分されます(国税庁タックスアンサー「No.1525-2　NFTやFTを用いた取引を行った場合の課税関係」)。

　役務提供の対価の額は、そのトークンの時価となります。ただし、そのトークンが暗号資産などの財産的価値を有する資産と交換できないなどの理由により時価の算定が困難な場合には、契約などによって定められた役務提供の対価の額が、そのトークンの時価となります(NFTFAQ6)。

193

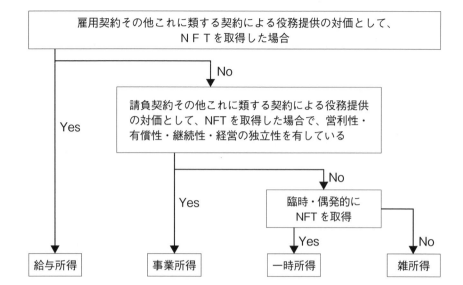

　ご質問の場合、所得区分はゲーム会社との契約が請負契約であれば、事業所得または雑所得となります。

　また収入金額はトークンの時価ですから、ゲーム会社が販売する商品の交換額と一致すると考えられます。しかし時価の算定が困難な場合は、契約などで定められた対価の額として差し支えありません。

Q | 54 商品の購入の際に購入先が発行するトークンを取得した場合

私は、有名イラストレーターの絵を購入した際に、SNSに投稿することを条件に、購入先の法人が発行したトークンをエアドロップにより無償で取得しました。このトークンは購入先で再度、商品を購入する際にも使用することができます。この場合の税務上の取扱いを教えてください。

A

イラストレーターの絵の購入の際に、購入先の法人が発行するトークンを無償で取得したことによる経済的利益は、所得税の課税対象となります。また、取得したトークンで新たに発行会社の商品を購入した際には、購入した商品の時価で取得したトークンを譲渡したものとして所得を計算することになると思われます。

解説

1 所得税の取扱い

1 トークン付与時

所得税法における所得とは、収入等の形で新たに取得する経済的価値と解されており、ご質問の場合、収入等の形で新たに経済的価値を取得したと認められることから、所得税の課税対象となります（NFTFAQ7）。また、トークンを無償で取得した場合の経済的利益は、法人からの贈与に当たることから、一時所得に区分されます（相法21の3①一、所基通34－1）。

ただし、一時所得の収入金額は、無償で取得したトークンの時価となりますので、例えば、ゲーム内でしか使用できないゲーム内トークンを付与された場合など、そのトークンが暗号資産などの財産的価値を有する資産と交換できないなどの理由により、時価の算定が困難な場合に

195

は、そのトークンの時価を 0 円として差し支えないこととなっています。

〔具体例〕

　ご質問の場合において付与されたトークンが 1 個で、1 トークンは0.1ETH と交換できる条件となっている時の計算は以下のとおりです。

- トークン付与時レート：1 ETH＝200,000円

$$一時所得の金額＝トークンの時価－トークンを得るために支出した$$
$$金額「 0 円」－特別控除額（最大500,000円）$$
$$＝20,000円－ 0 円－20,000円＝ 0 円$$

　　　1 トークン＝0.1ETH×200,000円＝20,000円

2 トークン使用時

　さらに、取得したトークンを使って新たに発行会社の商品を購入した際には、購入した商品の時価で、取得したトークンをいったん売却したものと考えられることから、無償で付与された時のトークンの取得価額を必要経費とし、新たに購入した商品の時価を収入金額として所得金額を計算することになると思われます。この場合の所得区分は、売却したトークンが譲渡所得の起因となる資産でない場合においては、雑所得または事業所得に区分されます。

〔具体例（続き）〕

　新たな商品を取得した時（1 トークンで新たに取得した商品について、ETH で購入する場合のレートは0.2ETH）の計算は以下のとおりです。

- 新たな商品取得時レート：1 ETH＝300,000円

$$雑所得の金額＝新たに取得した商品の時価－トークン付与時の取得$$
$$費$$
$$＝60,000円－20,000円＝40,000円$$

　0.2ETH×300,000円＝60,000円

2 法人税の取扱い

　トークンを無償で取得した場合の経済的利益は、所得税と同様に、法

人税の課税対象となります。この場合、その取得をした日を含む事業年度の益金の額に算入すべき金額は、その適正な対価の額となります(法法22①)。

　取得したトークンがETHなどの流通性のある暗号資産と交換できるとの前提にたてば、資金決済法上の二号暗号資産に該当するとも考えられるため、会計上は、流動資産として暗号資産と同様の勘定科目で取得時に資産の部に計上し、売却損益は、暗号資産売却損益などの科目により計上することになると考えられます。

Q 55 ブロックチェーンゲームの報酬としてゲーム内通貨を取得した場合

私は、メーカーに勤める会社員です。最近流行りのブロックチェーンゲームを今年から始めたところ、ゲーム内通貨(トークン)を取得しました。この場合、税務上はどのような取扱いになるでしょうか?

A 所得税法上、ブロックチェーンゲームでゲーム内通貨(トークン)を取得する行為は、原則として課税の対象となります。

解説

1 所得税の取扱い

所得税法において所得とは、収入等の形で新たに取得する経済的価値と解されています。ご質問のケースでは、ブロックチェーンゲームにおいて報酬としてゲーム内通貨(トークン)を取得されていることから、担税力を増加させる経済的価値と捉えることができ、所得税法上の所得として認識され、課税対象となります。

ただし、取得したゲーム内通貨(トークン)がそのゲーム内でしか使用できない場合(ゲーム内の資産以外の資産と交換できない場合)には、個人の経済的価値が増加したとはみなされず、所得税法上の所得としては認識されず課税対象とはなりません。

ブロックチェーンゲームにおいて報酬としてゲーム内通貨(トークン)を取得した場合には、原則として所得税法上の雑所得(その他雑所得)となり、雑所得の計算は雑所得における総収入金額から雑所得における必要経費を控除して求めることとなります。

ご質問のケースにおける総収入金額は、ブロックチェーンゲームで報酬として取得したゲーム内通貨(トークン)の総額となります。このゲーム内通貨(トークン)を評価する時期は取得の都度行うことが原則となり

198 第3章 NFTの会計と税務

ますが、ゲーム内通貨(トークン)の種類ごとに増減額を管理している場合には、月末または年末に一括して評価することも認められています。

なお、暗号資産に直接交換できないなどといった理由により、ゲーム内通貨(トークン)の時価を算定することが難しい場合には、時価を0円として差し支えないこととされています。ただし、ゲーム内通貨(トークン)を暗号資産と交換できる他のトークンに交換した場合には、交換した時点で担税力を増加させる経済的価値の取得があったものとみなして所得が認識されます。

次に、必要経費についてはブロックチェーンゲームの報酬を得るために使用したゲーム内通貨(トークン)の取得価額の総額となります。具体的には、購入したゲーム内通貨(トークン)の場合には、購入価額にて評価することとし、ブロックチェーンゲームで取得したゲーム内通貨(トークン)については、収入金額とした金額で評価した金額となります。

なお、ブロックチェーンゲームにおいて、ゲーム内通貨(トークン)の取得や使用が頻繁に行われているため、取引の都度評価することが煩雑である場合には、雑所得の計算をするにあたり簡便法(ゲーム内通貨(トークン)ベースで所得金額を計算し、年末に一括で評価する方法)により計算しても差し支えないこととして国税庁が公表しているNFTFAQの問8において示されています。簡便法の具体的な計算方法は以下のとおりです。

〔簡便法〕

- その年の12月31日に所有するゲーム内通貨(トークン)の総額
    - その年の1月1日に所有するゲーム内通貨(トークン)の総額
    - その年に購入したゲーム内通貨(トークン)の総額
  ＝ゲーム内通貨(トークン)ベースの所得金額
- ゲーム内通貨(トークン)ベースの所得金額×年末の暗号資産への換算レート

＝雑所得の金額

(注) 年の中途で、暗号資産に交換したゲーム内通貨(トークン)がある場合には、交換で取得した暗号資産の価額を雑所得の金額に加算します。

最後に、簡便法の具体的な計算は以下のとおりです。

(1) 前提条件
- 2023年12月31日に所有するゲーム内通貨(トークン)：100トークン
- 2023年1月1日に所有するゲーム内通貨(トークン)：20トークン
- 2023年中に購入したゲーム内通貨(トークン)：10トークン
- 2023年12月31日のレート：1BTC＝3,000,000円、1トークン＝0.01BTC

年の中途で暗号資産に交換したゲーム内通貨(トークン)はないものとします。

(2) ゲーム内通貨(トークン)ベースの所得金額
100トークン[12月31日所有]－20トークン[1月1日所有]－10トークン[2023年中に購入]＝70トークン

(3) 雑所得の金額
70トークン[ゲーム内通貨(トークン)ベースの所得金額]×0.01BTC＝0.7BTC
0.7BTC×3,000,000円＝2,100,000円
上記の簡便法による計算の結果、2,100,000円が雑所得の金額となります。

2 消費税の取扱い

ご質問のブロックチェーンゲームにおいてゲーム内通貨(トークン)を獲得する行為は、事業として経済的価値の取得があったと認められる場合には課税取引となります。

Q 56 NFT取引に係る源泉所得税の取扱い

　歯科医院を営む個人事業者(歯科医師)です。開業時に開設したホームページが老朽化してしまいリニューアルが必要となり、この機会に歯科医院の屋号とともにPRキャラクターもホームページに掲載することとしました。このPRキャラクターはインターネット上のマーケットプレイスにおいてデジタルアートを販売しているデザイナーよりNFTの形式により購入しました。デザイナーへの報酬はスタッフへの給与や顧問税理士への報酬と同じように源泉徴収が必要と聞いたことがありますが、NFTの購入の場合にも源泉徴収は必要となりますか?

A　PRキャラクターのデザインを依頼し支払った報酬であれば、デザイン報酬として源泉徴収が必要となります。また、このNFTデジタルアートが既存のデザインであり、ホームページなどの利用にあたり既存のデザインをNFT形式で購入した場合においても、原則として「著作権の使用料」として源泉徴収が必要となります。

解説

　源泉徴収制度は、支払いを受ける側の者の所得税の前払いとして、支払いをする側の者が支払金額から一定金額を徴収し納付する所得税法独特のルールとなります。

　また、源泉徴収制度は個人の所得に対する税金の前払制度であることから、会社などの法人税の範疇となる法人に対する支払いについては、原則として源泉徴収制度の対象外(配当や利息など一部例外はあります)です。また、一般の消費者は源泉徴収義務者とはならず、一定の給与の支払いがある法人と個人事業者が源泉徴収義務者に該当します。

　デザイナーである個人事業者へのデザイン料の支払いは、源泉徴収制度の1号報酬と呼ばれる一般的な事例なので、マーケットプレイスでの

販売者であるデザイナーへの支払いについて、源泉徴収が必要となります。マーケットプレイスでの販売者が会社などの法人であれば、原則として源泉徴収不要となる点は、前述のとおりです。

また、既存のデザインに対する「著作権の使用料」としての支払いのケースでも、写真や音楽の使用料と同じく原則として源泉徴収制度の対象となり、源泉徴収が必要となります。

一方、黎明期である今日のNFTデジタルアートのマーケットプレイスでは、設問のホームページでの利用のようなNFTデジタルアートの使用ではなく、単にNFTデジタルアートの閲覧権の対価としてマーケットプレイスで取り引きされている事例も多いかと思います。イメージとしては、そのNFTデジタルアートの「著作権の使用料」ほど大掛かりなものではなく、NFTデジタルアートの単なる閲覧権の対価として、閲覧のみなど使用をごく一部に限定したものも多く見受けられるかと思われます。このようなケースにおいては、「著作権の使用料」ではなく単なる閲覧権の対価として源泉徴収不要となることも考えられます。

以上のように、デザイン報酬についてはまだしも、NFTデジタルアートの「著作権の使用料」か単なる閲覧権の対価なのかどうかは、とてもファジーな論点になるかと思います。参考まで「NFTFAQ」の問10にある注釈においても、限定的ではありますが源泉徴収不要となるケースの記述があります。マーケットプレイスや販売者からの利用規約を確認の上、個々に判定する必要がある場合がほとんどかと思われます。

Q 57 NFT取引の消費税の課税関係

当社(内国法人)は、キャラクターデザインの企画制作を行っている消費税の課税事業者ですが、今度、当社が保有しているキャラクターのデジタルデザインを閲覧する権利をNFT化し、マーケットプレイスを通じて販売する事業を開始することになりました。この場合のNFTの販売に関する消費税の課税関係について教えてください。

A ご質問の、デジタルデザインを閲覧する権利が紐付けられたNFTをマーケットプレイスを通じて第三者に販売する取引は、電気通信利用役務の提供取引に該当するため、サービスの購入者が居住者(内国法人)の場合は、消費税の課税取引となり、サービスの購入者が非居住者(外国法人)の場合は、消費税の不課税取引になります。

解説

1 閲覧する権利と利用する権利が紐付けられたNFTに係る消費税の課税関係

NFTに関する取引のうち、デジタルアート等(著作物)を制作し、NFT化して、マーケットプレイスを通じて第三者に閲覧する権利、もしくは利用する権利を販売する取引は、通常、電気通信回線を介して行われる著作物(著法2①一)の利用の許諾に係る取引と認められ、電気通信利用役務の提供取引(※)に該当すると考えられます。

この場合、消費税の課税対象となる国内取引に該当するか否かは、その電気通信利用役務の提供を受ける者の住所等(個人の場合は住所または居所)が国内にあるか否かによって判定されます。買い手が居住者(国内事業者)であれば、国内取引となり、消費税の課税対象になり、買い手が非居住者であれば、国外取引となり、消費税の不課税取引になります。

なお、この場合の利用する権利の内容が消費税の資産の貸付けに該当

203

する場合は、異なった扱いになるため注意が必要です(消基通5－4－
1、5－4－2)。

　　※　電気通信利用役務の提供取引とは、電子書籍・音楽・広告などのインター
　　　ネット等を介して行われる役務の提供をいいます。

2 二次流通に係る消費税の課税関係

　マーケットプレイスを通じてデジタルアートの制作者からデジタル
アート等(著作物)を閲覧する権利、もしくは利用する権利が紐付けられ
たNFTを購入した後、そのNFTを他者に有償で譲渡した場合の取引(二
次流通といいます)は、NFTの購入により、デジタルアート等の制作者
(著作権者)からそのデジタルアート等の利用の許諾を受けた者(転売者)
が、その利用の許諾に係る権利(著作権法63条3項の利用権)を他者に譲
渡する取引になります。

　この場合、NFTの特性から利用する権利の譲渡が行われる時におけ
る資産の所在場所が明らかでないため、この取引が国内で行われたか否
かは、譲渡を行う者の譲渡に係る事務所等の所在場所により判定するこ
とになり、国内の事業者が事業として対価を得て行う場合は、消費税の
課税取引になり、国外の事業者が行う場合は、国外取引となり、消費税
の不課税取引となります。

　この取扱いは、著作権(出版権及び著作隣接権その他これに準ずる権利を
含む。消令6①七)自体を譲渡するものではなく、また、転売者自体が新
しい買主(転得者)に対して著作権の利用許諾を行うものでもないことが
前提とされています。そのため、仮にマーケットプレイスの利用規約な
ど当事者間の契約上、NFTの譲渡に伴い著作権を譲渡(もしくは貸付け)
することとなっている場合は、この取引が国内で行われたか否かは、そ
の著作権を譲渡し、または貸付けを行う者の住所地により判定すること
になり、住所地が国内であれば、消費税の課税取引になり、国外であれ
ば、消費税の不課税取引になります(消令6①七)。

Q 58 NFT取引の内外判定

　私は、オーストラリアに在住するアーティストですが、現在、デジタルアートを制作してそれをNFT化して日本のマーケットプレイスを通じて、デジタルアートを閲覧する権利が紐付いたNFTとして販売することを計画しています。また、購入者がその権利をマーケットプレイス上で販売(二次流通)した場合は、マーケットプレイスの運営者より一定の金額がロイヤリティとして支払われる予定です。これらの収入に関する私の日本での課税関係について教えてください。なお、私は日本に事務所その他の恒久的施設を有していません。

A　ご質問の海外に居住する方が国内のマーケットプレイスを通じて閲覧する権利のみが紐付いたNFTを販売する場合及び二次流通によって発生するロイヤリティについては、原則として日本での国内源泉所得に該当しないため、日本での課税関係は発生しないことになります。

解説

1 非居住者に対する課税

　日本の所得税は、居住者を国内に住所を有し、または、現在まで引き続き1年以上居所を有する個人と規定し、居住者以外の個人を非居住者と規定しています(所法2①五)。非居住者に対しては、日本国内にその発生の源泉がある国内源泉所得のみ課税対象となります(所法5②一)。

2 デジタルアートを閲覧できる権利の譲渡

　NFTに関する取引のうち、デジタルアート等(著作物)を制作し、NFT化して、マーケットプレイスを通じて第三者にデジタルアート等を閲覧

できる権利として販売する取引は、デジタルアート等の閲覧の許諾に係る対価であり、また、二次流通することによって制作者が受け取るロイヤリティ収入は、閲覧の許諾した者の転売に伴いマーケットプレイスとの契約に基づき発生する手数料収入であり、いずれもその非居住者の事業所得(もしくは雑所得)に該当すると解すことができます。

　非居住者が国内に恒久的施設を有しない場合、事業所得については、日本のマーケットプレイスを通じたものであっても国内源泉所得には該当せず、日本で課税関係は生じないと考えられます(所法161①一)。

　なお、非居住者が国内のマーケットプレイスを通じて販売した場合、紐付けられた権利の内容による内外判定は、原則として次のとおりになると考えられます。

紐付けられた権利	国内源泉所得	根拠条文等
閲覧する権利	非該当	事業所得に該当し、国内に恒久的施設を有しない場合は、国内源泉所得に該当しない(所法161①一)
閲覧し利用する権利	該当	著作権の使用料となり、国内源泉所得に該当する(所法161①十一)
著作権を取得する権利	該当	著作権の譲渡対価となり、国内源泉所得に該当する(所法161①十一)

第4章

メタバース の 会計と税務

Q 59 メタバース内での取引の消費税の内外判定

当社（内国法人）は、オンラインゲームの開発を行っている消費税の課税事業者ですが、このたび、国内のプラットフォーマーが運営するメタバース内でオンラインゲームを公開し、ユーザー課金する事業を開始することになりました。このメタバース内でのオンラインゲームの配信サービスに伴う収益の消費税の課税関係について教えてください。

A メタバース内でのオンラインゲームの提供は、原則として事業者向け以外の電気通信利用役務の提供取引に該当すると考えられますので、サービスの提供を受けるユーザーの住所等によって消費税の課税取引か否かが判定され、ユーザーの住所等が国内であれば、課税取引、国外であれば、不課税取引になります。

解説

1 メタバースでのオンラインゲーム配信サービス

メタバースは、インターネット上に構築されたデジタル空間であり、メタバース内で提供されるオンラインゲームサービスは、事業者向け以外の電気通信利用役務の提供取引に該当すると考えられます。電子通信役務の提供取引については、そのサービスの提供が行われる場所が明らかでないものとして、サービスの提供を受ける者の住所等によって消費税の国内取引、国外取引を判定することになっています（消法4③三）。

今回のご質問の場合、メタバース内でオンラインゲームを利用するユーザーの住所等が国内であれば、課税取引、国外であれば、不課税取引となります。

電気通信利用役務の提供取引に該当する場合、サービスの提供を行う者と受ける者の区分により消費税課税関係は次の図のようになります。

208　第4章　メタバースの会計と税務

		サービスを受ける者	
		国内事業者・居住者	国外事業者・非居住者
サービスを提供する者	国内事業者	国内取引：課税	国外取引：不課税
	国外事業者	国内取引：課税 ・事業者向けの場合は、リバースチャージ方式（※） ・事業者向け以外の場合は、国外事業者が登録事業者の場合のみ、国内事業者は仕入税額控除を適用	国外取引：不課税

※　リバースチャージ方式とは、国外事業者が行う「事業者向け電気通信利用役務の提供」について、そのサービスの提供を受けた国内事業者に申告納税義務を課す方式

　メタバースは、提供するプラットフォーマーが国内企業であっても、そのユーザーが国内に住所等のある居住者とは限らず、全世界からアクセスが可能になっています。また、メタバースは、アバターを通して現実世界とは異なる自分として活動することがユーザーの大きな利用動機となっているため、匿名性が高く、サービス提供を行う事業者が、ユーザーの住所等を正確に把握し、消費税の課税取引を特定できるかが、今後の実務上の課題になるものと思われます。

② メタバース内で行われる他の取引について

　メタバースが現実世界とは別のもうひとつのデジタル上の仮想世界と考えると、現実世界行われる取引と同様のさまざまな取引が行われる可能性があります。例えば、土地の売買や賃貸、アバターに対するさまざまな物販や旅行サービスなども既に実施されています。

　メタバース内の取引の特性として、メタバースがインターネット上の仮想世界である限り、有体物である「もの」に係る取引が行われることは

なく、何らかのサービスの提供であるか、何らかの権利の譲渡または利用許諾であるといえます。

また、メタバース内での取引のもうひとつの特性は、資産の譲渡、貸付、サービスの提供が行われる場所が明らかではない取引に該当することです。そのため、消費税の内外判定を行う場合には、その取引の内容から判定する必要があります。

代表的な取引の内容と内外判定は、次のようになると考えられます。

取引の内容	内外判定	根拠条文等
サービスの提供	❶のとおり（電気通信利用役務の提供取引）	❶のとおり（電気通信利用役務の提供取引）
何らかの権利の譲渡	提供する者の住所等、事務所で判定	権利の内容が、著作権等、営業権に該当する場合、また、他の規定の資産等のいずれにも該当しない場合、提供する者の住所等、事務所の所在地で判定（消令6①七、八、十）
何らかの権利の使用料	提供する者の住所等、事務所で判定	

210　第4章　メタバースの会計と税務

Q 60 メタバース内でアイテム・アバターを販売した場合

私は、メーカーに勤める会社員です。最近流行りのメタバース内で自身が制作したアイテムの利用権や第三者から購入したアバターの利用権を売却しました。この場合、税務上はどのような取扱いになるでしょうか?

A 所得税法上、メタバース内でアイテムの利用権やアバターの利用権を販売する行為は、原則として課税の対象となります。

なお、自身が制作したアイテムの利用権を付与した場合と他者から購入したアバターの利用権を売却した場合とでは所得税法上の所得区分が異なることとなります。

解説

1 所得税の取扱い

メタバース内で売買されるアイテムやアバター等は基本的にNFTの売買と同様の取引となります。そのため、自身が制作したアイテムの利用権を販売する行為は、NFTを組成して第三者が利用する権利「一次流通」と同様の経済的取引(Q45を参照)となります。具体的には、メタバース内で利用できるアイテムを制作し、そのアイテムの利用権が紐付けられたNFTを第三者へ利用を許諾したこととなります。

この取引については、一見すると譲渡所得になるように思われますが、実際にはアイテムの利用権が紐付けられたNFTの設定にかかる取引となることから、譲渡所得の対象となる資産の譲渡には該当せず、著作権の使用料の支払いということとなり、所得税法上では雑所得(事業とみなされる場合には事業所得)となります。この場合の雑所得の金額は、以下の算式で計算します。計算方法の詳細はQ45を参照してください。

雑所得の金額＝NFTの譲渡収入－NFTに係る必要経費(NFTの譲渡収
入を得るために必要な売上原価の額ならびに販売費及び
一般管理費の額等)

次に、第三者から購入したアバターの利用権を売却する行為は、購入
したNFTを第三者へ売却する「二次流通」と同様の経済的取引(Q46を参
照)となります。具体的にはマーケットプレイス等で第三者から購入し
たアバターが紐付けられたNFT(利用権)をメタバース内で第三者へ譲渡
したこととなります。そのため、この取引については権利の譲渡に該当
することから、所得税法上の譲渡所得(総合課税)に該当することとなり
ます。

ただし、このNFT(利用権)の譲渡が、棚卸資産等の譲渡や営利を目的
として継続的に行なわれる資産の譲渡に該当する場合には、事業所得ま
たは雑所得となります。この場合の譲渡所得の金額は、以下の算式で計
算します。計算方法の詳細はQ46を参照してください。

譲渡所得の金額＝NFTの転売収入－NFTの取得費－NFTの譲渡費用
－特別控除額

2 法人税の取扱い

NFTを販売した一次流通の利益またはNFTを転売した二次流通の利
益は、所得税と同様に、法人税の課税対象となります。この場合、その
販売または転売をした日を含む事業年度の益金の額に算入すべき金額
は、その適正な対価の額となります(法法22①)。

NFT化されたメタバース内における自社が制作したアイテムの利用
権や第三者から購入したアバターの利用権については、会計上は、アイ
テムの利用権やアバターの利用権の取得時に無形固定資産として資産の
部に計上し、売却時の売却損益は、固定資産売却益(損)として計上する
ことになると考えられます。

なお、自社が制作したアイテムの利用権の販売を主要な事業として行

う場合には、制作が完了した時点で棚卸資産として資産の部に計上し、売却時には売上高として計上することになると考えられます。

Q 61　メタバース内で土地を売却した場合の税務

　私は、メタバース内でセール時に３ETHで取得した土地（ランド）を開拓し、このたび、マーケットプレイスにおいて、４ETHで売却しました。この場合の税務上の取扱いを教えてください。なお、このメタバース内での通貨は暗号資産に換えることができ、また、直接暗号資産で購入することもできます。

A　メタバース内の土地（ランド）を売却した場合は、所得税の課税対象となります。この場合の所得区分は、（総合）譲渡所得、事業所得または雑所得のいずれかに該当することになると思われます。また、メタバース内の土地（ランド）は、消費税法上の非課税取引に掲げる「土地」には該当しないと考えられますから原則として消費税の課税の対象となります。

解説

1　所得税の取扱い

　メタバース内で取得した土地（ランド）を譲渡した場合において、通常の土地の譲渡のように分離課税の譲渡所得の対象となる不動産の譲渡には該当しないと考えられます。分離課税の譲渡所得の対象となる「土地」は、所得税法上及び租税特別措置法上において「土地」そのものの定義はないため、一般に意味する私法上の「土地」と同義であると考えられます。つまり、ここでいう「土地」は民法第86条に掲げる不動産であり、民法第85条に掲げる有体物の場合であると解されますので、メタバース内の土地は対象外と考えられます。

　また、メタバース内の土地はNFTとして取引されることが多く、このNFTがメタバース内の利用権との前提に立った場合には、NFTの譲

214　第４章　メタバースの会計と税務

渡と同様の取扱いと考えられます。従いまして、ご質問の場合には、利用権の譲渡に該当し、当該取引から生じた所得は、（総合）譲渡所得に区分されることになります。そのNFTの譲渡が、棚卸資産もしくは準棚卸資産の譲渡または営利を目的として継続的に行われる資産の譲渡に該当する場合には、事業所得または雑所得に区分されます。詳しくはQ46を参照してください。

なお、土地（ランド）を売買するためのトークンがメタバース内でしか使用できないなど暗号資産などの財産的価値を有する資産と交換できない場合には、課税関係は生じないと考えます。

〔具体例〕

ご質問の場合の所得計算は以下のとおりです。なお、メタバース内でセール時に取得した土地（ランド）の所有期間は5年以内の短期とし、売却時のガス代（取引承認手数料）は0.01ETHとします。

- 土地（ランド）取得時レート：1ETH＝200,000円
- マーケットプレイス売却時レート：1ETH＝300,000円

  譲渡所得の金額＝売却収入－取得費－譲渡費用－特別控除額
  ＝1,200,000円－600,000円－3,000円－500,000円
  ＝97,000円

売却収入：4ETH×300,000円＝1,200,000円
取得費：3ETH×200,000円＝600,000円
譲渡費用：0.01ETH×300,000円＝3,000円

2 法人税の取扱い

メタバース内の土地（ランド）を売却した時の利益は、所得税と同様に、法人税の課税対象となります。この場合、売却をした日を含む事業年度の益金の額に算入すべき金額は、その適正な対価の額となります（法法22①）。

NFT化されたメタバース内の土地（ランド）が、メタバース内の利用権

との前提にたてば、会計上は、土地(ランド)の取得時に無形固定資産として資産の部に計上し、売却時の売却損益は、固定資産売却益(損)として計上することになると考えられます。

3 消費税の取扱い

土地(ランド)の譲渡がメタバース内での利用権の譲渡との前提においては、「資産の譲渡」と位置付けられるため、国内において事業者が事業として対価を得て行うものであれば、消費税の課税対象となります。

なお、当該利用権の譲渡が行われる時における資産の所在場所が明らかでないことから、取引が国内において行われたものかどうかの判定(内外判定)は、譲渡を行う者の譲渡に係る事務所等の所在地が国内かどうかにより行うこととなります(消法4③一かっこ書、消令6①十)。詳しくはQ59を参照してください。

Q 62 メタバース内での土地（ランド）の賃貸をした場合の税務上の取扱い

国内メーカーに勤めている給与所得者です。投資の一形態として仮想空間の土地（ランド）を購入してみることにしました。購入後、あるメタバース事業に参画している企業から、メタバース内の企業のイベント実施の会場として約１か月間このランドを貸してほしいと依頼があり、メタバース内での賃貸をすることとなりました。賃貸料はイーサリアムにより受領することとなります。このランドの賃貸料は現実の不動産の賃貸料と同じように確定申告が必要となるのでしょうか？

また、現実の不動産賃貸とメタバース内での賃貸とでは、税金の取扱いに違いは生じるのでしょうか？

A

ランドの賃貸料を現実の法定通貨と換金可能な暗号資産により受領した場合、確定申告が必要となります。また、ランドは現実の不動産（土地や建物）とは異なり、原則として雑所得に分類され取り扱われるものと考えます。

解説

1　所得税の取扱い

個人が受領したランドの賃貸料は、法定通貨と換金可能な暗号資産などであれば経済的価値が認められるので確定申告が必要となり、仮想空間内のみで使用され現実の法定通貨とは換金できない仮想空間内のみの通貨であれば経済的価値が認められないので確定申告は不要と考えられます。現実の通貨に換金できる暗号資産を受領し確定申告が必要な場合、所得税の取扱いについては、現実の土地の賃貸と仮想空間内の土地の賃貸とでは異なる取扱いがなされると考えられます。

所得税法では、現実の土地の賃貸料を個人が収受した場合には、不動

217

産所得として確定申告が必要となり、課税されることとなります。この不動産所得の不動産の範囲ですが、一般的な土地や建物、土地に関するのものとして借地権や、不動産に類するものとして船舶(小型船舶を除く)と航空機も含まれます。

ここで仮想空間内の土地に該当するランドをこの不動産の範囲に含まれるものかどうかですが、新規分野である仮想空間内での土地や建物の範囲にまで言及している法令や通達はなく、現行法の解説でも特殊項目である船舶(小型船舶を除く)などの解説が中心です。ですが、仮想空間内の不動産は不動産所得で取り扱われる現実の不動産とは異なるものですので、仮想空間内の不動産であるランドの賃貸収入については、原則的には雑所得、もしくは事業的規模に該当するようなケースでは事業所得に分類されるものと思われます。

2 法人税の取扱い

法人がランドの賃貸料を受領したケースについても、所得税と同様、法定通貨と換金可能な暗号資産で受領する場合は経済的価値が認められるので、法人税の課税対象となり、ランドの賃貸料は益金の額に算入されます。

3 消費税の取扱い

消費税の取扱いについては、土地の貸付けに係る判定(非課税判定)よりも先に、このランドが国内に所在するものかどうか、いわゆる国内外判定を先にしなければなりません。

ランドの所在地が国内なのかどうかについて、現時点では断言までできる状況にはないので、貸主である事業者(納税義務者)の事務所等所在地で判定せざるを得ないかと考えます。よって、貸主である国内の居住者の事務所等所在地の判定により、国内取引に該当することとなります。

218　第4章　メタバースの会計と税務

つづいて、消費税の非課税判定について、「土地の譲渡または貸付け」の土地に仮想空間内のランドまで含まれるとは想定し難い点は前述の所得税の不動産所得の範囲と同様ですので、消費税では国内取引に該当し、非課税取引に該当しないことから、課税取引となると思われます。

　なお、現実の土地の貸付けについて、短期の土地賃貸(短期の資材置場やおおむね1月以内)のケースについても、消費税では非課税取引に該当しないものとして取り扱われています。

Q 63 メタバース内で保有する資産は、減価償却の対象か

私は、メタバース内で土地（ランド）を取得し、自社サービスのPR用に外部に依頼し広告看板を用いた広告活動を行っております。この場合の税務上の取扱いを教えてください。

A 減価償却資産には該当しないが、税務上の繰延資産として償却することも考えられます。

解 説

1 所得税の取扱い

メタバース内で取得した土地（ランド）については、減価償却資産には該当しないと思われます。

所有権について考えてみると、民法上権利の客体となる「物」は、動産と不動産に分かれます。民法第86条にて、不動産は土地とその定着物を指しますが、民法第85条において動産・不動産に分ける前の「物」は有体物であると解されています。メタバース内の土地は有体物では無いことから、民法上の所有権は認められないと考えられます。

次に、減価償却資産の範囲について定めている所得税法施行令第6条においても、メタバース内で取得した土地（ランド）については、該当する資産がなく、以上の点が減価償却資産に該当しないと思われる理由であります。

ただメタバース内での広告看板について、「役務の提供を受けるために支出する権利金」あるいは「支出の効果が1年以上に及ぶもの」に該当するものであれば、繰延資産として償却することも考えられます。

220　第4章　メタバースの会計と税務

〈所得税法施行令第6条〉

(減価償却資産の範囲)

第6条　法第2条第1項第19号(定義)に規定する政令で定める資産は、棚卸資産、有価証券及び繰延資産以外の資産のうち次に掲げるもの(時の経過によりその価値の減少しないものを除く。)とする。

一　建物及びその附属設備(暖冷房設備、照明設備、通風設備、昇降機その他建物に附属する設備をいう。)

二　構築物(ドック、橋、岸壁、桟橋、軌道、貯水池、坑道、煙突その他土地に定着する土木設備又は工作物をいう。)

三　機械及び装置

四　船舶

五　航空機

六　車両及び運搬具

七　工具、器具及び備品(観賞用、興行用その他これらに準ずる用に供する生物を含む。)

八　次に掲げる無形固定資産

イ　鉱業権(租鉱権及び採石権その他土石を採掘し又は採取する権利を含む。)

ロ　漁業権(入漁権を含む。)

ハ　ダム使用権

ニ　水利権

ホ　特許権

ヘ　実用新案権

ト　意匠権

チ　商標権

リ　ソフトウエア

ヌ　育成者権

ル　樹木採取権

ヲ　営業権

ワ　専用側線利用権(鉄道事業法(昭和61年法律第92号)第2条第1項(定義)に規定する鉄道事業又は軌道法(大正10年法律第76号)

第1条第1項(軌道法の適用対象)に規定する軌道を敷設して行う運輸事業を営む者(以下この号において「鉄道事業者等」という。)に対して鉄道又は軌道の敷設に要する費用を負担し、その鉄道又は軌道を専用する権利をいう。)

カ　鉄道軌道連絡通行施設利用権(鉄道事業者等が、他の鉄道事業者等、独立行政法人鉄道建設・運輸施設整備支援機構、独立行政法人日本高速道路保有・債務返済機構又は国若しくは地方公共団体に対して当該他の鉄道事業者等、独立行政法人鉄道建設・運輸施設整備支援機構若しくは独立行政法人日本高速道路保有・債務返済機構の鉄道若しくは軌道との連絡に必要な橋、地下道その他の施設又は鉄道若しくは軌道の敷設に必要な施設を設けるために要する費用を負担し、これらの施設を利用する権利をいう。)

ヨ　電気ガス供給施設利用権(電気事業法(昭和39年法律第170号)第2条第1項第8号(定義)に規定する一般送配電事業、同項第10号に規定する送電事業、同項第11号の2に規定する配電事業若しくは同項第14号に規定する発電事業又はガス事業法(昭和29年法律第51号)第2条第5項(定義)に規定する一般ガス導管事業を営む者に対して電気又はガスの供給施設(同条第7項に規定する特定ガス導管事業の用に供するものを除く。)を設けるために要する費用を負担し、その施設を利用して電気又はガスの供給を受ける権利をいう。)

タ　水道施設利用権(水道法(昭和32年法律第177号)第3条第5項(用語の定義)に規定する水道事業者に対して水道施設を設けるために要する費用を負担し、その施設を利用して水の供給を受ける権利をいう。)

レ　工業用水道施設利用権(工業用水道事業法(昭和33年法律第84号)第2条第5項(定義)に規定する工業用水道事業者に対して工業用水道施設を設けるために要する費用を負担し、その施設を利用して工業用水の供給を受ける権利をいう。)

ソ　電気通信施設利用権(電気通信事業法(昭和59年法律第86号)第9条第1号(電気通信事業の登録)に規定する電気通信回線設備

を設置する同法第2条第5号(定義)に規定する電気通信事業者に対して同条第4号に規定する電気通信事業の用に供する同条第2号に規定する電気通信設備の設置に要する費用を負担し、その設備を利用して同条第3号に規定する電気通信役務の提供を受ける権利(電話加入権及びこれに準ずる権利を除く。)をいう。)

九　次に掲げる生物(第7号に掲げるものに該当するものを除く。)

イ　牛、馬、豚、綿羊及びやぎ

ロ　かんきつ樹、りんご樹、ぶどう樹、梨樹、桃樹、桜桃樹、びわ樹、くり樹、梅樹、柿樹、あんず樹、すもも樹、いちじく樹、キウイフルーツ樹、ブルーベリー樹及びパイナップル

ハ　茶樹、オリーブ樹、つばき樹、桑樹、こりやなぎ、みつまた、こうぞ、もう宗竹、アスパラガス、ラミー、まおらん及びホップ

2　法人税の取扱い

　法人税での繰延資産とは、法人が支出する費用で、支出の効果がその支出の日以後1年以上に及ぶものをいいます。さらに、法人税法上で特に定められているものを、税務上の繰延資産と呼びます。

　税務上の繰延資産は、以下のとおりです。

1．自己が便益を受ける公共的施設または共同的施設の設置または改良のために支出する費用

2．資産を賃借しまたは使用するために支出する権利金、立退料その他の費用

3．役務の提供を受けるために支出する権利金その他の費用

4．製品等の広告宣伝の用に供する資産を贈与したことにより生ずる費用

5．1〜4に掲げる費用のほか、自己が便益を受けるために支出する費用

これらは、一定の期間(費用の種類によって異なります)にわたり、均等

に費用化していくこととなります。

　なお、これら税務上の繰延資産として支払った費用の金額が20万円未満である場合は、支出した日の属する事業年度に全額を費用とすることができるとされています。

Q 64　メタバース内で支払った経費は、申告上、必要経費・会社費用に計上できるか

　当社は新入社員の採用活動として、本店のある東京で行われている合同企業説明会に毎年出展しています。近年はメタバースを使った新卒採用イベントが広がっていることから、当社も甲社が主催するメタバース（仮想空間）内の合同企業説明会への参加を決めました。

　このメタバース内の合同企業説明会に出展するにあたり、主催会社甲社への出展料のほか、会場内の広告開示として、メタバース内の出展情報を開示するためのデジタル看板の制作費、当社の採用担当者のアバターに着せる服などのデジタルアイテムの購入費などが掛かる予定です。これらの費用は、当社の費用として計上できますか？

A　メタバース内で個人または法人が資産の譲渡、貸付け、役務の提供などの経済活動を行った場合、所得税、法人税、消費税の課税関係が生じます。

　また、メタバース内でのイベントなどに参加し、経費、投資、報酬などの支払いが生じた場合は、個人の必要経費または法人の損金に算入されると考えます。

解説

1　所得税・法人税の取扱い

　メタバースは現実世界と異なりデジタル上の世界ですが、メタバース内において多くのイベントの開催や土地の売買が行われ、現実世界と同じような経済活動により収益を得ることが可能です。

　このように、メタバース内で個人または法人が資産の譲渡、貸付け、役務の提供などの経済活動を行った場合、現実世界の経済活動と同様に、所得税または法人税の課税対象になると考えます。

ご質問の場合、それぞれの経費ごとに以下のように判断されると考えます。

経費の内容	会計上	税務上
主催会社甲社への出展料	採用費	一時の損金
メタバース内の出展情報を開示するためのデジタル看板の制作費	広告費	一時の損金、無形固定資産（減価償却しない）、または税務上の繰延資産（支出の効果が1年以上）（※）
採用担当者のアバターに着せる服などのデジタルアイテムの購入費（アイテムはユーザーに帰属）	採用費	一時の損金。次回以降の使用予定があれば無形固定資産（減価償却しない）。
就活生（アバター）と会話するためのVRゴーグル（現実世界のもの）	消耗品または器具備品	10万円未満は消耗品、10万円以上は固定資産。

※　デジタル看板の制作費について、メタバース内の合同企業説明会への参加が今回のみであれば、一時の損金として処理すると考えます。
　なお、デジタル看板の著作権を貴社が有しており、次回以降もそのデジタル看板を使用することが予定されている場合は、無形固定資産として計上し、減価償却はしないと考えます（デジタル看板は時の経過により価値の減少が認められないため）。一方、著作権が無く、支出の効果が1年以上ある場合は、税務上の繰延資産に該当する可能性があります。

② 消費税の取扱い

　メタバース内の取引に係る消費税の仕入税額控除は、現実世界での取引と同様に、それぞれ個別に判断することになると考えます。

　従って、国内において行う課税仕入については、原則として仕入税額控除ができると考えます。

Q 65　メタバース内に存在する資産を贈与した場合

　メタバースに興味を持ち始めたので、既にメタバース内で取引をしている友人と話をしていたところ、メタバース内の土地(ランド)を無償で贈与してくれました。この場合の税務上の取扱いを教えてください。

A　メタバース内の土地(ランド)の時価分が、贈与税の課税対象になります。

　また、受贈者が法人の場合には、贈与時の時価で土地(ランド)を譲渡したものとみなされ、譲渡所得の計算が必要となります。

解説

1　贈与税の取扱い

　個人が贈与で取得した一定の財産については、贈与税の対象となります。一定の財産とは、金銭に見積ることができる経済的価値を有する全てのものをいいます(相基通11の2-1)。

　メタバース内の土地(ランド)の評価方法については、評価通達に定めが無いことから、評価通達5(評価方法の定めのない財産の評価)の定めに基づき評価することとされています。土地(ランド)の場合には、具体的には評価通達135(書画骨とう品の評価)に準じ、その内容や性質、取引実態等を勘案し、売買実例価額、精通者意見価格等を参酌して評価することが考えられます。

　マーケットプレイスによっては、メタバース内の土地(ランド)の過去の売買実例価額が確認できるケースもあるため贈与時直近の売買事例価額を参考にするのがひとつの方法ですが、合致するような事例が無い場合には個別の事例に応じて判断することになると思われます。

　「暦年課税」の場合、「贈与した時点での時価」が110万円を超える場合

には、贈与した年の翌年2月1日〜3月15日までの間に、贈与税の申告と納税が必要となります。

2 所得税の取扱い

　贈与をした土地(ランド)が譲渡所得の基因となる資産に該当する場合には、贈与者に所得税の課税関係は生じませんが、受贈者が法人の場合には、贈与時の時価で土地(ランド)を譲渡したものとみなされ、譲渡所得(総合譲渡)の計算が必要となります。

Q 66 メタバース内に存在する資産を相続で受け取った場合

今年亡くなった父が、生前にマーケットプレイスにて購入していたメタバース内の土地(ランド)を、相続により取得した場合の相続税の取扱いを教えてください。なお父も相続人も全員、日本国内に居住しております。

A 個人から経済的価値のあるメタバース内の土地(ランド)を相続もしくは遺贈により取得した場合には、その内容や性質、取引実態等を勘案し、その価額を個別に評価した上で、相続税が課されます。

解説

1 相続税の取扱い

相続税法上、個人が、金銭に見積ることができる経済的価値のある財産を贈与または相続もしくは遺贈により取得した場合には、贈与税または相続税の課税対象となることとされています。ここでいう「金銭に見積ることができる経済的価値のある財産」として具体的に、メタバース内のショップやマーケットプレイスで売買されている土地(ランド)も該当します。

相続税では、原則として被相続人から相続または遺贈により財産を取得した個人(相続人)に対して国内財産・国外財産とも課税の対象となりますが、相続人が制限納税義務者に該当する場合には、財産が国内財産か国外財産かの、判断が必要となります(「Q42 暗号資産の国内財産、国外財産の判断基準」をご参照ください)。

ご質問のメタバース内の土地(ランド)の所在は、被相続人の住所の所在により判断することになると思われます。

メタバース内の土地(ランド)の評価方法については、評価通達に定め

が無いことから、評価通達5（評価方法の定めのない財産の評価）の定めに
基づき評価することとされています。土地（ランド）の場合には、具体的
には評価通達135（書画骨とう品の評価）に準じ、その内容や性質、取引
実態等を勘案し、売買実例価額、精通者意見価格等を参酌して評価する
ことが考えられます。

　マーケットプレイスによっては、メタバース内の土地（ランド）の過去
の売買実例価額が確認できるケースもあるため、相続開始直近の売買事
例価額を参考にするのがひとつの方法ですが、合致するような事例が無
い場合には個別の事例に応じて判断することと思われます。

② 所得税の取扱い

　相続で取得した土地（ランド）が譲渡所得の基因となる資産に該当する
場合、所得税の課税関係は発生しません。ただし、土地（ランド）を法人
に遺贈している場合には、相続開始時の時価で譲渡したものとみなし
て、亡くなった父の譲渡所得を計算（準確定申告）する必要があります。

Q 67 メタバース内に存在する資産の財産債務調書（合計表）、国外財産調書（合計表）の記載方法

　毎年、財産債務調書・国外財産調書を確定申告時に提出しています
が、今年新たにメタバース内の土地（ランド）を購入し保有しています。
土地（ランド）は財産債務調書（合計表）や国外財産調書（合計表）への記載
の対象になりますか？

A　保有している土地（ランド）が、12月31日において暗号資産な
どの財産的価値を有する資産と交換できるものである場合、財産
債務調書への記載が必要になります。国外財産調書への記載の対象には
ならないと考えられます。

解説

　メタバース内の土地（ランド）については、その年の12月31日におけ
る土地（ランド）の現況に応じ、不特定多数の当事者間で自由な取引が行
われる場合に通常成立すると認められる価額を時価として記載します。

　その年の12月31日における市場取引価格が存在する土地（ランド）に
ついては、当該市場取引価格を時価として差し支えありません。

　また、財産債務調書に記載する財産の価額は、その財産の時価による
算定が困難な場合、見積価額を算定し記載しても差し支えありません。

　メタバース内の土地（ランド）の見積価額は、例えば、次の①〜③のよ
うな方法により算定された価額をいいます（NFTFAQ14）。

①　その年の12月31日における売買実例価額（その年の12月31日にお
　　ける売買実例価額がない場合には、その年の12月31日前の同日に最も近
　　い日におけるその年中の売買実例価額）のうち、適正と認められる売
　　買実例価額

②　①による価額がない場合には、その年の翌年1月1日から財産債
　　務調書の提出期限までにその土地（ランド）を譲渡した場合における

231

譲渡価額

③　①及び②がない場合には、取得価額

またメタバース内の土地(ランド)は、国外送金等調書規則第12条第3項第6号の規定により、財産を有する方の住所の所在により「国外にある」かどうかを判定する財産に該当します。

そして、国外財産調書は、居住者(国内に住所を有し、または現在まで引き続いて1年以上居所を有する個人をいい、非永住者を除きます)が提出することとされています。

従って、居住者が国外のメタバース内で購入した土地(ランド)は、「国外にある財産」とはなりませんので、国外財産調書への記載の対象にはならず、財産債務調書への記載の対象となります。

Q 68　メタバースプラットフォーム運営会社の会計、税務

当社は、ゲームコンテンツの開発を主に手掛けている国内企業ですが、現在、社内で新事業としてメタバースプラットフォームの開発及び運営事業への参入を検討しています。将来、当社がメタバースプラットフォーム運営会社として獲得する収益等について、会計上、税務上注意すべきことはありますか？

A　メタバースを介したビジネスは、世界的に見てもまだ創生期で今後どのような展開を見せ、会計上、税務上どのような検討が必要になるか、まだまだ、不確実な状態です。メタバース内での取引は、有体物としての「もの」を介しないビジネスになるため、収益、費用の発生時点の特定、取引の発生場所及び提供先の住所等の把握が困難であること、また、メタバースの開発及びメンテナンスに係る費用の会計上、税務上の処理などに留意する必要があると考えられます。

解説

1　メタバースビジネスの現状

2021年10月、旧フェイスブックが社名をメタに変更し、同時にメタバース事業に巨額の資金を投資することを宣言しました。この頃からメタバースという用語が一般にも認知されるようになり、翌2022年にかけて大きな盛り上がりを見せました。

現在、代表的なメタバースプラットフォームとしては、メタが運営するHorizon Worldsのほか、VRChat（ソーシャルVRチャット）、Roblox（メタバース上のゲームプラットフォーム）、The Sandbox（NFTゲームプラットフォーム）などがあり、暗号資産、独自のトークン（NFT）、法定通貨などを介した経済活動が可能になっています。

233

国内では、クラスター株式会社が運営するclusterが圧倒的な存在感を持っています。2022年から2023年にかけて、メタの業績悪化や、ウォルト・ディズニーやマイクロソフトのメタバース事業からの撤退等があり、メタバース市場の成長鈍化がいわれていますが、潜在的市場の可能性は大きく、三菱総研が2022年に発表した調査リポートでは、メタバースの国内市場は、2024年には4兆円程度、2030年には約24兆円規模が期待されるとしています。

　また、総務省の2022年版情報通信白書では、メタバースの世界市場は2030年には78.8兆円まで拡大すると予測しています。

2　メタバースプラットフォーマーの収益

　一口にメタバースプラットフォームといっても、その来歴等からさまざまなタイプのものがあります。メタバースの定義すら依然として定まったものがない現状ですが、メタバースが現実世界の裏側にある仮想世界全体と考えるならば、現実世界で発生する収益の全てがメタバース内で実現する可能性があるといえます。

　現状をふまえてメタバースプラットフォーマーにおいて獲得が見込まれる収益には、次のようなものがあると考えられます。

1　BtoC事業

　現在、ほぼ全てのメタバースにおいて、ユーザーがメタバースへ入場する際に課金しているところはありませんが、ユーザーがメタバース内で活動する際にさまざまな課金が行われ、それがプラットフォーマーの収益になっています。

　例えば、米国発のThe Sandboxは、イーサリアムのブロックチェーン技術を基盤としたユーザー主導のゲームプラットフォームですが、ユーザーは仮想空間上のLANDを有料で購入し、または借りることで、オリジナルのゲームやアイテム、キャラクター、サービスを作成することができます。仮想世界のイメージからLANDと呼ばれていますが、権

234　第4章　メタバースの会計と税務

利の販売といえます。

　また、メタバース内でユーザーが利用するアバターやそのアバターに着せる洋服やアクセサリー、オンラインゲームのアイテムなどの販売による収益があります。これは現実世界におけるアパレル業などの商品販売をイメージしたものになりますが、全てインターネット上のデジタル空間での取引であり、法律的には「もの」ではなく、全ての取引が権利の販売や利用権の許諾、もしくはサービスの提供取引になります。

2　BtoB事業

　メタバースは、インターネットを介したVR技術が可能にした仮想世界そのものであり、メタバースプラットフォーマーは、現実世界での不動産賃貸事業と同様の事業モデルといえます。ビルオーナーが部屋をテナントに賃貸し、屋上スペースを活用して広告看板事業を行うのと同様にメタバース内をいかに有効に活用してもらうかという企画とメタバース内の一定のスペースの賃貸及びイベント等の運営が事業モデルになると考えられます。

　具体的には、音楽ライブや展示会等のイベント会場、入社式や全国社内会議等の会議スペース、商品・サービスの広告・販促プロモーションなどのメタバース空間で行われるさまざまな企画の開発、運営及びスペースの賃貸に係る業務収益が考えられます。また、企業等がメタバース内で物販やサービスを提供する際の売上に連動したコミッションを収益とする事業も考えられます。メタバースの優位性として、参加者の物理的距離を取り除くこと、現実世界に比べて低予算で実施可能なこと、現実世界では実現不可能な演出等が可能になることなどが挙げられます。

　現在の技術レベルで、人間の五感（視覚・聴覚・嗅覚・味覚・触覚）のうち、視覚と聴覚については、既に現実世界を超えるサービスの提供が可能になっており、臭覚、味覚、触覚についても、人間の錯覚を利用して、メタバース内でアバターにそれを感じさせる技術開発が進んでいま

す。

これからの技術革新によって、メタバース内でのビジネスの可能性は無限にあるといえると思います。

③ 会計・税務の留意点

メタバース内では、現実世界で行われているあらゆる事業が実施可能で、将来的には、現実世界では不可能な取引も行われる可能性があります。ただ、その内容は、先にも書いたとおり、メタバース内で存在するものは全て有体物ではなく「もの」に該当しないため、メタバース内での事業は、全てが何らかの権利の販売、利用の許諾、もしくは、サービスの提供取引となります。

メタバースプラットフォームの運営者として、現在及び今後、会計及び税務的に留意すべき事項としては、次のようなものがあると考えています。

1 金商法、資金決済法の規制

メタバース内で行われる取引の対象が、金商法に規定する「みなし有価証券」、もしくは、資金決済法に規定する「暗号資産」に該当する場合は、それぞれの法律の規制の対象になるとともに、会計処理及び税務処理において、該当する取扱いが定められている場合があるため、留意する必要があります。

2 取引が行われる場所の判定

現在の税制は、国ごとに課税が行われ、国境を挟んで課税権の主張がぶつかることも珍しくありませんが、メタバースは、インターネット上に構築された仮想空間であり、現実世界の特定の場所に属さないため、その課税の帰属については、サービスを提供する事業者及びサービスの提供を受ける者の事業所、住所等による判断になると思われす。

現在、メタバースについては、ユーザーの匿名性が高いことが特徴となっているため、ユーザーの住所等を特定し、適切な税の計算を可能に

できるかが課題になると考えられます。特に、源泉徴収が必要な取引の正確な把握とその実施を可能にする環境整備が課題であると考えられます。

③ メタバース内での取引の透明性、合法性の担保

今後、メタバース内においてユーザー間でさまざまな取引が行われことになりますが、メタバースプラットフォームの運営者として、ユーザー間の取引があらゆる面で適正に合法的に実施されるための措置が必要になると考えられます。

不正なICOが横行したことにより暗号資産自体の社会的信用が大きく棄損したことは記憶に新しいですが、メタバース内で詐欺、盗難、脱税その他、不正な取引が発生した場合、メタバースプラットフォームの運営者として法的責任を問われたり、ユーザーの減少や活用企業の減少など事業の存続やメタバース自体の発展にマイナスになることが想定されます。

④ 収益、費用の計上時期

いずれの事業も具体的な「もの」の移動を伴わない収益が主になるため、収益の実現時点を正確に捉えること、また、収益の計上時点とその収益に係る費用の計上時点を合致させることが重要になります。

また、主な費用が人件費になることが予想されるため、原価人件費の各プロジェクトへの適正な配賦にも注意が必要になると考えられます。

⑤ 研究開発費

メタバースプラットフォームの開発費の会計処理については、1999年3月に日本公認会計士協会から公開された「研究開発費及びソフトウェアの会計処理に関する実務指針」及び2022年6月に公表された「ソフトウェア制作費等に係る会計処理及び開示に関する研究資料～DX環境下におけるソフトウェア関連取引への対応～」等を参考に開発費とソフトウェアの取得原価への振り分けを行う必要があります。

また、法人税法では、会計基準よりも保守的にソフトウェアの取得価

237

額に算入する範囲を規定しているため、会計処理と税務処理で差異が生じる場合があるため注意を要します。

6 資本的支出と修繕費

メタバースプラットフォーマーにとって、サービス開始後も継続的に開発、メンテナンス費用が発生するものと考えられますが、これらの費用のうち、税務上、資本的支出として資産計上する費用と修繕費等として一時に損金に算入する費用の区分が必須になります。

機能追加、利用期間の伸長を伴う費用であるか、単に既存の機能の維持、継続のための費用であるかを合理的に判断する必要があります。

Q 69　DAO（分散型自立組織）の損益における課税関係

　私は、ソフトウェア会社に勤める会社員です。わが社でも副業が解禁されたことから、新しい組織形態として話題のDAOによるアプリ開発案件へ参加してみたいと考えています。最初の頃はまだ収益化は難しいと思いますが、将来的には収益化が見込めるものと期待しています。この場合、税務上はどのような取扱いになるでしょうか？

A　現在の日本においてはDAOの組織形態が法定化されておらず、DAOが獲得した経済的利益に対する課税関係も整備されておりません。そのため、黒字化して収益が分配された際の税務上の取扱いは未確定となっております。仮に経済的利益に対して課税される場合には、民法上の組合に対する課税のようにDAOそのものが課税主体とはならずに、DAOに参加している個人や法人に対して、そのガバナンストークン等の持分や収益分配権等に対応した利益金額を課税所得とみなして課税されるものと思われます（いわゆるパススルー課税）。

解　説

1　所得税の取扱い

　執筆時現在における日本国内の法律では、DAOの組織形態を定めたものは見当たりません。そのため、DAO自体が法人格を有するのか否かが明確化されていません。仮に法人格を有している場合に、DAOから支払われる経済的利益がガバナンストークンの保有割合により分配されるような場合や収益分配権に基づいて分配される等の場合には配当所得となることも考えられます。

　現在のところDAOは法人格を有しておらず、DAOにおける課税関係についての法整備がされていないことからどのような課税が行われる

かは未知数となっています。法整備がされていないとはいえ、DAOにおいて経済的利益の獲得があった場合には何かしらの方法で課税がされることが想定されます。DAOについて組織形態が法定化されてはいませんが、ガバナンストークンによる投票制度により意思決定がされる組織であることを考えると、民法上の組合(任意組合)に対する課税方式が適用される可能性があるものと思われます。

民法上の組合(任意組合)は、民法第674条において組合における損益の帰属は契約で損益の分配割合を定めている場合にはその分配割合にて分配することとされ、分配割合が契約で定めていない場合には各組合員の出資割合に応じて分配されることとされています。

税務上においても損益の帰属について同様の取扱いとなっており、組合事業にかかる損益の帰属は組合本体ではなく、各出資者に分配額に応じて帰属するとされています(いわゆるパススルー課税)。この場合の所得区分は組合事業の内容に応じて、不動産所得や事業所得、雑所得に分類されます。

このことから、DAOにおいても損益の帰属が民法上の組合(任意組合)と同様の取扱いがされ、DAO本体への損益帰属ではなく、ガバナンストークンの保有割合や収益分配権の割合に応じて個人や法人へ損益が帰属される可能性が高いものと思われます。

2 消費税の取扱い

ご質問の場合、DAOの経済活動によって獲得する収入の内容に応じて、消費税の課税取引、非課税取引、不課税取引に区分されます。

Q 70 DAO（分散型自立組織）におけるガバナンストークンを売却した

私は、商社に勤める会社員です。新しい組織形態として話題のDAOに参加しようと思い、ガバナンストークンを暗号資産取引所で購入しました。最近になってこのガバナンストークンが値上がりしていることを知り、売却を検討しています。売却した場合、税務上はどのような取扱いになるでしょうか？

A ご質問のガバナンストークンについて購入時の価格よりも売却時の価格の方が上昇していた場合には、所得税法においてはその差額を経済的利益と捉え、課税されることとなります。この場合の所得区分については、ガバナンストークンが資金決済法第2条第14項第2号に規定する暗号資産に該当する場合には原則として雑所得（その他所得）に区分されるものと思われます。雑所得（その他雑所得）の金額によっては確定申告が必要となる場合があります。

解説

1 所得税の取扱い

ガバナンストークンはDAOという分散型自立組織内で発行され、発言権等がトークンに紐付けられたNFTの1種であると考えられます。このガバナンストークンの多くは、暗号資産交換所においてビットコインやイーサリアム等の暗号資産と交換可能となります。そのため、ガバナンストークンについては資金決済法第2条第14項第2号に規定する暗号資産に該当することとなり、所得税法上も暗号資産の譲渡と同様の取扱いになるものと思われますので、原則として雑所得（その他雑所得）として確定申告が必要となります。

例えば、ガバナンストークンを暗号資産交換所で1単位＝10ETH購

入し、その後、1単位＝15ETHまで値上がりしていたので売却した場合の雑所得(その他雑所得)の金額は次のとおりとなります。

- 購入時のレート：1ETH＝150,000円
- 売却時のレート：1ETH＝200,000円
- 売却収入：15ETH×200,000円＝3,000,000円
- 取得原価：10ETH×150,000円＝1,500,000円
- 雑所得(その他雑所得)の金額：3,000,000円－1,500,000円＝1,500,000円

なお、ガバナンストークンについては、暗号資産交換所で購入する以外にDAOでの働きに応じてガバナンストークンを割り当てられる場合があります。この場合には、割り当て時点でのガバナンストークンの時価が取得原価になるものと思われます。割り当てにより取得したガバナンストークンを売却した場合には売却時の価額と取得原価の差額が雑所得(その他雑所得)になります。

例えば、ガバナンストークンをDAOから1単位割り当てを受け、その時点での時価が1単位＝5ETHであり、その後、1単位＝10ETHまで値上がりしていたので売却した場合の雑所得の金額は次のとおりとなります。

- 割り当て時のレート：1ETH＝150,000円
- 売却時のレート：1ETH＝200,000円
- 売却収入：10ETH×200,000円＝2,000,000円
- 取得原価：5ETH×150,000円＝750,000円
- 雑所得(その他雑所得)の金額：2,000,000円－750,000円＝1,250,000円

上記のガバナンストークンを割り当てられた時点でも、割り当て時のガバナンストークンの時価で雑所得として所得税が課されます。上記の場合では、750,000円(5ETH×150,000円)が雑所得の金額となります。

242　第4章　メタバースの会計と税務

2 消費税の取扱い

　ご質問のガバナンストークンを売却する取引は事業者が事業として対価を得て行う場合には該当しないことから、消費税の対象外となります。

参考資料

所得税確定申告書
の
記載例

所得税確定申告書の記載例①

給与所得者(会社員)の場合

〔設例〕

　給与所得者(会社員)が、副業でビットコイン取引を行っていた場合の令和5年分所得税確定申告書の記載例です。

　前提条件は以下のとおりとし、前提条件に記載のない事項については、考慮しないものとします。

1．個人データ

- 目黒一郎(仮名。会社員・38歳)未婚、扶養親族なし
- 年末調整済

2．令和5年中の収入(所得)

- 給与収入　6,000,000円
- 上場株式等の譲渡益(特定口座源泉徴収あり)　1,000,000円
- ビットコイン売却益　900,000円

3．令和5年中のビットコイン取引詳細

(1)　A取引所

- 令和5年2月の購入：0.5BTC(1BTC＝200万円　手数料込)
- 令和5年8月の売却：1.5BTC(1BTC＝300万円　手数料込)

(2)　B取引所

- 令和5年6月の購入：2BTC(1BTC＝250万円　手数料込)

4．令和5年中のその他の事項

- 社会保険料控除　846,300円

246　参考資料　所得税確定申告書の記載例

- 生命保険料控除　40,000円

　（新生命保険料支払額　100,000円）
- 給与所得の源泉徴収税額　206,000円
- 年末調整により上記の各所得控除は計算済

〔解説〕

　令和5年分の所得税確定申告書を作成するにあたり、各収入は、それぞれ以下のとおりとなります。

- 給与収入　　　　　　　⇒　給与所得
- 上場株式等の譲渡益　　⇒　譲渡所得（分離課税）
- ビットコインの売却収入　⇒　雑所得（その他雑所得）

　給与収入については、会社から発行された令和5年分給与所得の源泉徴収票を基に、確定申告書を作成していくこととなります。

　上場株式等の譲渡収入については、特定口座で源泉徴収ありを選択していることから、申告不要を選択することが可能です。本設例では譲渡益が出ていることから、申告不要を選択します。

　他に特定口座を有しており、その特定口座で損失が出ている場合や昨年から上場株式等の譲渡損失を繰越している場合には、申告をした方がよい場合もありますが、本設例では、記載された以外の事項は無いという前提のため、申告不要の選択が最も得策であるという結果により、申告不要を選択します。

　ビットコインを売却（使用）することにより生じる損益は、国内の暗号資産交換業者が提供する年間取引報告書を基に、国税庁が提供するエクセル形式の「暗号資産の計算書」を用いて計算する方法を国税庁が推奨しています。

　なお、ビットコインの売却益は、事業所得等の各種所得の基因となる行為に付随して生じる場合を除き、原則として、雑所得（その他雑所得）に区分されます。そのため、雑所得（その他雑所得）として申告する必要

があります。

　また、ビットコインの取得価額の算定は総平均法が原則的な評価方法となっています。

　そのため、本設例では総平均法を用いて令和5年分のビットコイン売却に対応する取得価額を計算しています。

〔準備する書類〕

- 令和5年分給与所得の源泉徴収票
- 各暗号資産交換業者が発行する年間取引報告書
- 国税庁が提供する暗号資産の計算書(総平均法用)

〔具体的な記載手順〕

1．給与所得

　確定申告書第二表のうち、「所得の内訳(所得税及び復興特別所得税の源泉徴収税額)」欄に給与所得の源泉徴収票から「支払金額」と「源泉徴収税額」を転記します。

　次に、確定申告書第一表の給与欄に給与所得の源泉徴収票から「支払金額」を、給与⑥欄に「給与所得控除後の金額」を、それぞれ転記します。

2．雑所得(ビットコイン売却益)

　各暗号資産交換業者から交付された年間取引報告書に基づいて、暗号資産の計算書(総平均法用)へ必要事項を転記します。その後、暗号資産の計算書(総平均法用)の「5　暗号資産の所得金額の計算」における売却価額の金額を確定申告書第二表のうち、「所得の内訳(所得税及び復興特別所得税の源泉徴収税額)」欄に記載します。確定申告書第二表のうち、「所得の種類」は「雑(その他)」を「種目」は「暗号資産」と記載し、「給与などの支払者の「名称」及び「法人番号又は所在地」等」には、例えば暗号資産取引所の名称を記載します。「収入金額」は売却価額を記載しますの

で、本設例では4,500,000円と記載します。

　次に、確定申告書第一表の雑その他欄に「収入金額」4,500,000円を転記し、区分は「2」を記載します。雑その他⑨欄には、「5　暗号資産の所得金額の計算」における「所得金額」900,000円を記載します。

3．その他

　給与所得の源泉徴収票に記載された「社会保険料等の金額」846,300円を確定申告書第二表の⑬欄「社会保険料控除」へ記載すると共に、確定申告書第一表の社会保険料控除⑬欄へ転記します。

　給与所得の源泉徴収票に記載された「新生命保険料の金額」100,000円を確定申告書第二表の⑮欄「新生命保険料」へ記載すると共に、確定申告書第一表の生命保険料控除⑮欄へ給与所得の源泉徴収票に記載された「生命保険料の控除額」40,000円を記載します。

　確定申告書第二表のうち、「所得の内訳（所得税及び復興特別所得税の源泉徴収税額）」欄の「所得税及び復興特別所得税の源泉徴収税額の合計額」を確定申告書第一表の源泉徴収税額欄へ転記します。

所得税確定申告書の記載例①　給与所得者（会社員）の場合　　249

【確定申告書A（第一表）の記載例】

FA2202

目黒 税務署長

＿＿年＿＿月＿＿日 令和 05 年分の 所得税及び 復興特別所得税 の 確定 申告書

第一表（令和四年分以降用）

納税地 〒153-0063　個人番号（マイナンバー）　生年月日 3 60.05.01

現在の住所 又は 居所 事業所等　東京都目黒区目黒×ー○ー×

フリガナ　メグロ　イチロウ

氏名　目黒 一郎

令和6年1月1日の住所　同上

職業　会社員　屋号・雅号　世帯主の氏名 目黒 一郎　世帯主との続柄 本人

振替継続希望　種類 青色 分離 国出 損失 修正　特農の表示 特農　整理番号　電話番号 勤務先・携帯 03 － 1111 － 1111

（単位は円）

収入金額等				
事業	営業等	区分	㋐	
	農業	区分	㋑	
不動産		区分	㋒	
配当			㋓	
給与		区分	㋔	6 0 0 0 0 0 0
雑	公的年金等		㋕	
	業務	区分	㋖	
	その他	区分 2	㋗	4 5 0 0 0 0 0
総合譲渡	短期		㋘	
	長期		㋙	
一時			㋚	

所得金額等				
事業	営業等	①	
	農業	②	
不動産		③	
利子		④	
配当		⑤	
給与	区分	⑥	4 3 6 0 0 0 0
雑	公的年金等	⑦	
	業務	⑧	
	その他	⑨	9 0 0 0 0 0
	⑦から⑨までの計	⑩	9 0 0 0 0 0
総合譲渡・一時 ⑦+｛（㋙+㋚）×½｝		⑪	
合計 （①から⑥までの計+⑩+⑪）		⑫	5 2 6 0 0 0 0

所得から差し引かれる金額				
社会保険料控除		⑬	8 4 6 3 0 0
小規模企業共済等掛金控除		⑭	
生命保険料控除		⑮	4 0 0 0 0
地震保険料控除		⑯	
寡婦、ひとり親控除	区分	⑰〜⑱	0 0 0 0
勤労学生、障害者控除		⑲〜⑳	0 0 0 0
配偶者（特別）控除	区分	㉑〜㉒	0 0 0 0
扶養控除	区分	㉓	0 0 0 0
基礎控除		㉔	4 8 0 0 0 0
⑬から㉔までの計		㉕	1 3 6 6 3 0 0
雑損控除		㉖	
医療費控除	区分	㉗	
寄附金控除		㉘	
合計 ㉕+㉖+㉗+㉘		㉙	1 3 6 6 3 0 0

税金の計算				
課税される所得金額 （⑫−㉙） 又は第三表		㉚	3 8 9 3 0 0 0
上の㉚に対する税額 又は第三表の㉝		㉛	3 5 1 1 0 0
配当控除		㉜	
	区分	㉝	
（特定増改築等）住宅借入金等特別控除	区分	㉞	0 0
政党等寄附金等特別控除		㉟〜㊲	
住宅耐震改修特別控除等	区分	㊳〜㊵	
差引所得税額		㊶	3 5 1 1 0 0
災害減免額		㊷	
再差引所得税額（基準所得税額）（㊶−㊷）		㊸	3 5 1 1 0 0
復興特別所得税額（㊸×2.1%）		㊹	7 3 7 3
所得税及び復興特別所得税の額（㊸+㊹）		㊺	3 5 8 4 7 3
外国税額控除等	区分	㊻〜㊼	
源泉徴収税額		㊽	2 0 6 0 0 0
申告納税額		㊾	1 5 2 4 0 0
予定納税額（第1期分・第2期分）		㊿	
第3期分の税額（㊾−㊿）	納める税金	51	1 5 2 4 0 0
	還付される税金	52	△

修正申告			
修正前の第3期分の税額（還付の場合は頭に△を記載）	53	
第3期分の税額の増加額	54	

その他			
公的年金等以外の合計所得金額	55	
配偶者の合計所得金額	56	
専従者給与（控除）額の合計額	57	
青色申告特別控除額	58	
雑所得・一時所得等の源泉徴収税額の合計額	59	0
未納付の源泉徴収税額	60	
本年分で差し引く繰越損失額	61	
平均課税対象金額	62	
変動・臨時所得金額	区分	63	

延納の届出			
申告期限までに納付する金額	64	0 0
延納届出額	65	0 0

還付される税金の受取場所
銀行・金庫・組合・農協・漁協　本店・支店・出張所・本所・支所
郵便局名等
預金種類　普通・当座・納税準備・貯蓄
口座番号・記号番号

公金受取口座登録の同意　公金受取口座の利用

整理欄 区分 A B C D E F G H I J K / 異動 L

受付印

⑭・㊺・㊾・51 又は 52 の記入をお忘れなく。

納管　事業　住民　資産　総合　分離　検算　通信日付印　年月日　一連番号

整理欄　管理　名簿　確認

250　参考資料　所得税確定申告書の記載例

【確定申告書A（第二表）の記載例】

令和 **05** 年分の 所得税及び
復興特別所得税 の確定申告書

整理番号 □□□□□□　　FA2302

住所　東京都目黒区目黒×－○－×
屋号
フリガナ　メグロ　イチロウ
氏名　目黒　一郎

○ 所得の内訳（所得税及び復興特別所得税の源泉徴収税額）

所得の種類	種目	給与などの支払者の「名称」及び「法人番号又は所在地」等	収入金額	源泉徴収税額
給与		○△商事株式会社	6,000,000 円	206,000 円
雑（その他）	暗号資産	A取引所 他	4,500,000	0
		㊽ 源泉徴収税額の合計額		206,000

○ 総合課税の譲渡所得、一時所得に関する事項（⑪）

所得の種類	収入金額	必要経費等	差引金額
	円	円	円

特例適用
条文等

○ 配偶者や親族に関する事項（⑳～㉓）

氏名	個人番号	続柄	生年月日	障害者	国外居住	住民税	その他
		配偶者	明·大 昭·平·令 ・・	障 特障	国外 年調	同一	別居 調整
			明·大 昭·平·令 ・・	障 特障	国外 年調	16 別居 調整	
			明·大 昭·平·令 ・・	障 特障	国外 年調	16 別居 調整	
			明·大 昭·平·令 ・・	障 特障	国外 年調	16 別居 調整	
			明·大 昭·平·令 ・・	障 特障	国外 年調	16 別居 調整	

○ 事業専従者に関する事項（㊼）

事業専従者の氏名	個人番号	続柄	生年月日	従事月数·程度·仕事の内容	専従者給与（控除）額
			明·大 昭·平 ・・		
			明·大 昭·平 ・・		

○ 住民税·事業税に関する事項

住民税	非上場株式の少額配当等	非居住者の特例	配当割額控除額	株式等譲渡所得割額控除額	特定配当等·特定株式等譲渡所得の全部の申告不要	給与·公的年金等以外の所得に係る住民税の徴収方法		都道府県、市区町村への寄附（特例控除対象）	共同募金、日赤その他の寄附	都道府県条例指定寄附	市区町村条例指定寄附
						特別徴収	自分で納付				
	円	円	円	円		○		円	円	円	円

退職所得のある配偶者·親族の氏名	個人番号	続柄	生年月日	退職所得を除く所得金額	障害者	寡婦·ひとり親
			明·大 昭·平 ・・	円	障 特障	寡婦 ひとり親

事業税	非課税所得など	番号	所得金額	円	損益通算の特例適用前の不動産所得	円	前年中の開（廃）業	開始·廃止 月日
	不動産所得から差し引いた青色申告特別控除額	円		事業用資産の譲渡損失など		他都道府県の事務所等	○	

上記の配偶者·親族·事業専従者のうち別居の者の氏名·住所

氏名		住所		国外	所得税で控除対象配偶者などとした専従者	氏名		給与	円	一連番号	

税理士署名·電話番号 （　　－　　－　　）

右側縦書き:

第二表

（令和四年分以降用）

○第二表は、第一表と一緒に提出してください。

○国民年金保険料や生命保険料の支払証明書など申告書に添付しなければならない書類は添付書類台紙などに貼ってください。

○ 社会保険料控除 ⑬⑭

保険料等の種類	支払保険料等の計	うち年末調整等以外
源泉徴収分（社保）	846,300	

⑬⑭ 社会保険料控除　小規模企業共済等掛金控除

⑮ 生命保険料控除

新生命保険料	源泉徴収分 100,000 円
旧生命保険料	円
新個人年金保険料	
旧個人年金保険料	
介護医療保険料	

⑯ 地震保険料控除

地震保険料	円
旧長期損害保険料	

本人に関する事項（⑰～⑳）

寡婦	ひとり親	勤労学生	障害者	特別障害者
□死別 □生死不明 □離婚 □未帰還		□年調以外かつ 専修学校等		

○ 雑損控除に関する事項（㉖）

損害の原因	損害年月日	損害を受けた資産の種類など
	・・	

損害金額	円	保険などで補填される金額	円	差引損失額のうち災害関連支出の金額	円

○ 寄附金控除に関する事項（㉘）

寄附先の名称等		寄附金	

所得税確定申告書の記載例①　給与所得者（会社員）の場合　　251

【暗号資産の計算書（総平均法用）の記載例】

令和 5 年分　暗号資産の計算書（総平均法用）

氏名　　目黒　一郎

1　暗号資産の名称　　ビットコイン

2　年間取引報告書に関する事項

取引所の名称	購入		売却	
	数量	金額	数量	金額
Ａ取引所	0.50	1,000,000	1.50	4,500,000
Ｂ取引所	2.00	5,000,000		
合計	2.50	6,000,000	1.50	4,500,000

3　上記2以外の取引に関する事項

月	日	取引先	摘要	購入等		売却等	
				数量	金額	数量	金額
			合計	0.00	0	0.00	0

4　暗号資産の売却原価の計算

	年始残高（※）		購入等		総平均単価		売却原価（※）		年末残高・翌年繰越	
数量	(A)	0.00	(C)	2.50		—	(F)	1.50	(H)	1.00
金額	(B)	0	(D)	6,000,000	(E)	2,400,000	(G)	3,600,000	(I)	2,400,000

※前年の(H)(I)を記載　　　　　　　　　　　　　　　　　※売却した暗号資産の譲渡原価

5　暗号資産の所得金額の計算

収入金額		必要経費			所得金額
売却価額	信用・証拠金（差益）	売却原価（※）	手数料等	信用・証拠金（差損）	
4,500,000		3,600,000			900,000

※売却した暗号資産の譲渡原価

【参考】
収入金額計　　4,500,000
必要経費計　　3,600,000

所得税確定申告書の記載例②

事業所得者の場合

〔設例〕

　主たる収入をビットコインの売却収入とし、ビットコインの売買により生計を営む個人投資家の令和5年分所得税確定申告書の記載例です。

　なお、青色申告承認申請書は適正に提出され、青色申告の承認を受け控除額65万円を適用し、ビットコイン売却に係る売上原価の算定方法は、総平均法を継続適用しています。

1．収入に関する事項

- ビットコイン売却収入(令和5年中の合計額)　　　51,000,000円
- 講演料(暗号資産投資をテーマとする講演)　　　　200,000円

　　　　　　　　　　　上記のうち源泉徴収税額　　20,420円

- 原稿料(暗号資産投資をテーマとする記事)　　　　150,000円

　　　　　　　　　　　上記のうち源泉徴収税額　　15,315円

2．ビットコイン取引に関する事項

- 年初ビットコイン保有数量：2.4BTC

　　　　　　　　　　　　　前年末残高　　4,800,000円

- 当年ビットコイン購入数量：3.6BTC

　　　　　　　　　令和5年中の購入合計額　　18,000,000円

⇒総平均法による単価計算

　　(4,800,000円＋18,000,000円)÷(2.4BTC＋3.6BTC)

　　＝@3,800,000円／1BTC

所得税確定申告書の記載例②　事業所得者の場合　**253**

- 当年ビットコイン売却数量：5 BTC

  @3,800,000×5 BTC＝19,000,000円
  （売上原価）

- 年末ビットコイン保有数量：1 BTC

  @3,800,000×1 BTC＝3,800,000円
  （年末残高）

3．経費に関する事項

・事務所光熱費	360,000円
・交通費	100,000円
・通信費	860,000円
・広告宣伝費	120,000円
・交際費	80,000円
・消耗品費	240,000円
・減価償却費	250,000円
・事務所スタッフ給与	7,000,000円
・事業借入金利子	140,000円
・事務所家賃	1,800,000円

4．その他の支出に関する事項

・国民健康保険料の支払金額	650,000円
・国民年金保険料の支払金額	190,000円
・小規模企業共済の掛金	600,000円
・生命保険料の支払金額（旧生命保険料）	100,000円
・予定納税額（第1期・第2期の合計額）	1,760,000円

〔準備する書類〕

- 社会保険料（国民年金保険料）控除証明書

- 小規模企業共済掛金払込証明書
- 生命保険料控除証明書

〔具体的な記載手順〕

１．事業所得の総収入金額

　暗号資産投資をテーマとする講演料・原稿料は、投資家としての本来の業務と直接の結び付きが認められるので、事業所得の総収入金額に算入されます。よって、事業所得の総収入金額は下記の合計額となり、「申告書」第一表㋐欄と、「青色申告決算書」損益計算書の売上金額欄に転記します。

　51,000,000＋200,000＋150,000＝51,350,000円

２．事業所得の必要経費

　ビットコイン売却収入に係る売上原価は、“期首＋当期仕入－期末”によって算出され、「青色申告決算書」損益計算書の売上原価の各欄に転記します。

　4,800,000＋18,000,000－3,800,000＝19,000,000円

　売上原価以外の経費は、「青色申告決算書」損益計算書の経費の各欄に転記します。売上原価以外の経費の合計は、下記のとおりです。

　360,000＋100,000＋860,000＋120,000＋80,000＋240,000
　＋250,000＋7,000,000＋140,000＋1,800,000
　＝10,950,000円

３．事業所得の所得金額

　事業所得の所得金額は、“総収入金額－必要経費”によって算出され、最後に青色申告特別控除額を控除します。

　51,350,000－（19,000,000＋10,950,000）－650,000
　＝20,750,000円

この事業所得の所得金額が、「青色申告決算書」損益計算書の最終値であり、「申告書」第一表①欄に転記します。また、青色申告特別控除額を「申告書」第一表⑤欄に転記します。

なお、貸借対照表科目については、正規の簿記の原則に従って記帳し作成した試算表(決算整理後の合計残高試算表)の、期首(年初)及び期末(年末)残高の金額を、「青色申告決算書」貸借対照表の各欄に転記します。

4．所得控除額の計算

各種所得控除に係る支払金額を「申告書」第二表の各欄に転記し、所得控除額を「申告書」第一表の各欄に記載します。

所得控除額の合計は、下記のとおりです。

840,000＋600,000＋50,000＋480,000＝1,970,000円

5．課税所得金額の計算

総所得金額(本設例では事業所得以外の所得が生じていないので、事業所得の所得金額がそのまま総所得金額となります)から所得控除額を差し引いた金額(課税所得金額)を「申告書」第一表⑳欄に記載します。

20,750,000－1,970,000＝18,780,000円(千円未満切捨)

6．納付税額の計算

課税所得金額に所得税の税率を乗じて(所得税の税額速算表を使用します)「申告書」第一表㉛欄に記載します。

18,780,000×40％－2,796,000＝4,716,000円

この所得税の算出税額に復興特別所得税の税率(2.1％)を乗じて「申告書」第一表㊹欄に記載します。

4,716,000×2.1％＝99,036円

所得税と復興特別所得税の合計額を「申告書」第一表㊺欄に記載します。

4,716,000＋99,036＝4,815,036円

　講演料と原稿料に係る源泉徴収税額を「申告書」第二表に記載し、その合計額を「申告書」第一表㐃欄に転記します。

20,420＋15,315＝35,735円

　所得税と復興特別所得税の合計額から源泉徴収税額を控除し、申告納税額を「申告書」第一表㐄欄に記載します。

4,815,036－35,735＝4,779,300円(百円未満切捨)

　予定納税額(第1期分と第2期分の合計額)を「申告書」第一表㐅欄に転記し、申告納税額から予定納税額を差し引いた納付すべき税額を「申告書」第一表㐆欄に記載します。

4,779,300－1,760,000＝3,019,300円

【確定申告書B（第一表）の記載例】

FA2202

目黒 税務署長
令和＿＿年＿＿月＿＿日

令和 05 年分の 所得税及び復興特別所得税 の 確定 申告書

第一表（令和四年分以降用）

納税地	〒153-0063	個人番号（マイナンバー）		生年月日	3 55.05.05

現在の住所又は居所事業所等　東京都目黒区目黒×－○－×

フリガナ　メグロ　ジロウ
氏名　目黒　二郎

令和6年1月1日の住所　同　上

職業　投資業
屋号・雅号　日黒ビットコイン・ラボ
世帯主の氏名　目黒　二郎
世帯主との続柄　本人

振替継続希望　種類　青 分離 国出 損失 修正　特農の表示 特農　整理番号　　電話番号 03-1111-1111

収入金額等（単位は円）

事業	営業等	㋐	区分 3	5 1 3 5 0 0 0 0
事業	農業	㋑		
不動産		㋒	区分	
配当		㋓		
給与		㋔	区分	
雑	公的年金等	㋕		
雑	業務	㋖	区分	
雑	その他	㋗	区分	
総合譲渡	短期	㋘		
総合譲渡	長期	㋙		
	一時	㋚		

所得金額等

事業	営業等	①		2 0 7 5 0 0 0 0
事業	農業	②		
不動産		③		
利子		④		
配当		⑤		
給与		⑥	区分	
雑	公的年金等	⑦		
雑	業務	⑧		
雑	その他	⑨		
	⑦から⑨までの計	⑩		
総合譲渡・一時 ㋘+{(㋙+㋚)×½}		⑪		
合計（①から⑥までの計+⑩+⑪）		⑫		2 0 7 5 0 0 0 0

所得から差し引かれる金額

社会保険料控除	⑬		8 4 0 0 0 0
小規模企業共済等掛金控除	⑭		6 0 0 0 0 0
生命保険料控除	⑮		5 0 0 0 0
地震保険料控除	⑯		
寡婦、ひとり親控除	⑰～⑱	区分	
勤労学生、障害者控除	⑲～⑳		
配偶者（特別）控除	㉑～㉒	区分	0 0 0 0
扶養控除	㉓		0 0 0 0
基礎控除	㉔		4 8 0 0 0 0
⑬から㉔までの計	㉕		1 9 7 0 0 0 0
雑損控除	㉖		
医療費控除	㉗	区分	
寄附金控除	㉘		
合計（㉕+㉖+㉗+㉘）	㉙		1 9 7 0 0 0 0

税金の計算

課税される所得金額（⑫-㉙）又は第三表	㉚		1 8 7 8 0 0 0 0
上の㉚に対する税額又は第三表の㉝	㉛		4 7 1 6 0 0 0
配当控除	㉜		
	㉝	区分	
特定増改築等住宅借入金等特別控除	㉞	区分	0 0
政党等寄附金等特別控除	㉟～㊲		
住宅耐震改修特別控除等	㊳～㊵	区分	
差引所得税額（㉛-㉜-㉝-㉞-㊲-㊵）	㊶		4 7 1 6 0 0 0
災害減免額	㊷		
再差引所得税額（基準所得税額）（㊶-㊷）	㊸		4 7 1 6 0 0 0
復興特別所得税額（㊸×2.1%）	㊹		9 9 0 3 6
所得税及び復興特別所得税の額（㊸+㊹）	㊺		4 8 1 5 0 3 6
外国税額控除等	㊻～㊼	区分	
源泉徴収税額	㊽		3 5 7 3 5
申告納税額（㊺-㊻-㊼-㊽）	㊾		4 7 7 9 3 0 0
予定納税額（第1期分・第2期分）	㊿		1 7 6 0 0 0 0
第3期分の税額（㊾-㊿） 納める税金	51		3 0 1 9 3 0 0
第3期分の税額（㊾-㊿） 還付される税金	52	△	

修正申告

修正前の第3期分の税額（還付の場合は頭に△を記載）	53		
第3期分の税額の増加額	54		0 0

その他

公的年金等以外の合計所得金額	55		
配偶者の合計所得金額	56		
専従者給与（控除）額の合計額	57		
青色申告特別控除額	58		6 5 0 0 0 0
雑所得・一時所得等の源泉徴収税額の合計額	59		
未納付の源泉徴収税額	60		
本年分で差し引く繰越損失額	61		
平均課税対象金額	62		
変動・臨時所得金額	63	区分	

延納の届出

申告期限までに納付する金額	64		0 0
延納届出額	65		0 0

還付される税金の受取場所

銀行・金庫・組合・農協・漁協
郵便局名等
預金種類　普通　当座　納税準備　貯蓄
口座番号記号番号

公金受取口座登録の同意　　公金受取口座の利用

整理欄　区分 A B C D E F G H I J K　異動　補完

整理欄　管理　　　名簿

※㊻・㊼・㊽・51又は52の記入をお忘れなく。

258　参考資料　所得税確定申告書の記載例

【確定申告書B（第二表）の記載例】

整理番号　　FA2302

令和 05 年分の所得税及び復興特別所得税の確定申告書

住所　東京都目黒区目黒×－○－×
屋号　目黒ビットコインラボ
フリガナ　メグロ ジロウ
氏名　目黒　二郎

	保険料等の種類	支払保険料等の計	うち年末調整等以外
⑬⑭ 社会保険料控除 小規模企業共済等掛金控除	国民健康保険料	650,000 円	650,000 円
	国民年金保険料	190,000	190,000
	小規模企業共済	600,000	600,000
⑮ 生命保険料控除	新生命保険料	円	円
	旧生命保険料	100,000	100,000
	新個人年金保険料		
	旧個人年金保険料		
	介護医療保険料		
⑯ 地震保険料控除	地震保険料	円	円
	旧長期損害保険料		

本人に関する事項（⑰～⑳）	寡婦 □死別 □生死不明 □離婚 □未帰還	ひとり親	勤労学生 □年調以外かつ専修学校等	障害者	特別障害者

○ 所得の内訳（所得税及び復興特別所得税の源泉徴収税額）

所得の種類	種目	給与などの支払者の「名称」及び「法人番号又は所在地」等	収入金額	源泉徴収税額
営業等	講演料	（株）×○企画	200,000 円	20,420 円
営業等	原稿料	（株）○×出版	150,000	15,315
			㊽ 源泉徴収税額の合計額	35,735 円

○ 雑損控除に関する事項（㉖）

損害の原因	損害年月日	損害を受けた資産の種類など
	． ．	
損害金額　円	保険金などで補填される金額　円	差引損失額のうち災害関連支出の金額　円

○ 総合課税の譲渡所得、一時所得に関する事項（⑪）

所得の種類	収入金額	必要経費等	差引金額
	円	円	円

○ 寄附金控除に関する事項（㉘）

寄附先の名称等		寄附金	円

特例適用条文等	

○ 配偶者や親族に関する事項（⑳～㉓）

氏名	個人番号	続柄	生年月日	障害者	国外居住	住民税	その他
		配偶者	明・大 昭・平 ． ．	障 特障	国外 年調	同一 別居	調整
			明・大 昭・平・令 ． ．	障 特障	国外 年調	16 別居	調整
			明・大 昭・平・令 ． ．	障 特障	国外 年調	16 別居	調整
			明・大 昭・平・令 ． ．	障 特障	国外 年調	16 別居	調整
			明・大 昭・平・令 ． ．	障 特障	国外 年調	16 別居	調整

○ 事業専従者に関する事項（(57)）

事業専従者の氏名	個人番号	続柄	生年月日	従事月数・程度・仕事の内容	専従者給与（控除）額
			明・大 昭・平 ． ．		円
			明・大 昭・平 ． ．		

○ 住民税・事業税に関する事項

住民税	非上場株式の少額配当等	非居住者の特例	配当割額控除額	株式等譲渡所得割額控除額	特定配当等・特定株式等譲渡所得の全部の申告不要	給与、公的年金等以外の所得に係る住民税の徴収方法 特別徴収	自分で納付	都道府県、市区町村への寄附（特例控除対象）	共同募金、日赤その他の寄附	都道府県条例指定寄附	市区町村条例指定寄附
	円	円	円	円	○	○	◯	円	円	円	円

退職所得のある配偶者・親族の氏名	個人番号	続柄	生年月日	退職所得を除く所得金額	障害者	その他	寡婦・ひとり親
			明・大 昭・平 ． ．	円	障 特障	調整	寡婦 ひとり親

事業税			
非課税所得など　番号　所得金額　円	損益通算の特例適用前の不動産所得　円	前年中の開（廃）業	開始・廃止　月日
不動産所得から差し引いた青色申告特別控除額	事業用資産の譲渡損失など	他都道府県の事務所等	○

上記の配偶者・親族・事業専従者のうち別居の者の氏名・住所	氏名	住所	国外	所得税で控除対象配偶者などとした専従者	氏名	給与 円	一連番号

整理欄	申告区分	申告等年月日　年　月　日	所得種類
	特例適用条文	法　条の　の　項　号	申告期限　年　月　日

税理士法書面提出 30条 33条の2

税理士署名・電話番号（　－　－　）

第二表（令和四年分以降用）○第二表は、第一表と一緒に提出してください。○国民年金保険料や生命保険料の支払証明書など申告書に添付しなければならない書類は添付書類台紙などに貼ってください。

【青色申告決算書（損益計算書）の記載例】

令和 05 年分所得税青色申告決算書（一般用）

住所	東京都目黒区目黒X-O-X
事業所所在地	東京都目黒区目黒O-X-O
業種名	投資家
屋号	目黒ビットコインラボ
加入団体名	

フリガナ メグロ ジロウ
氏名 目黒 二郎
電話番号 （自宅）03-1111-1111 （事業所）03-9999-9999

依頼税理士等 事務所所在地／氏名（名称）／電話番号

整理番号 □□□□□□□□

（自 1 月 1 日 至 12 月 31 日）

損益計算書 （単位：円）

科目		金額
売上（収入）金額（雑収入を含む）	①	5135000
売上原価	期首商品（製品）棚卸高 ②	480000
	仕入金額（製品製造原価） ③	1800000
	小計（②＋③） ④	2280000
	期末商品（製品）棚卸高 ⑤	380000
	差引原価（④－⑤） ⑥	1900000
差引金額（①－⑥）	⑦	3235000
経費	租税公課 ⑧	
	荷造運賃 ⑨	
	水道光熱費 ⑩	36000
	旅費交通費 ⑪	10000
	通信費 ⑫	86000
	広告宣伝費 ⑬	120000
	接待交際費 ⑭	180000
	損害保険料 ⑮	
	修繕費 ⑯	

科目		金額
経費	消耗品費 ⑰	23000
	減価償却費 ⑱	250000
	福利厚生費 ⑲	
	給料賃金 ⑳	70000
	外注工賃 ㉑	
	利子割引料 ㉒	140000
	地代家賃 ㉓	180000
	㉔	
	㉕	
	㉖	
	㉗	
	㉘	
	㉙	
	㉚	
	雑費 ㉛	
	計 ㉜	1095000
差引金額（⑦－㉜）	㉝	2140000

科目		金額
各種引当金・準備金等	繰戻額等	貸倒引当金 ㉞
		㉟
		㊱
	計 ㊲	
	繰入額等	専従者給与 ㊳
		貸倒引当金 ㊴
		㊵
	株・準備金等 ㊶	
	計 ㊷	
青色申告特別控除前の所得金額（㉝＋㊲－㊷）	㊸	2140000
青色申告特別控除額	㊹	650000
所得金額（㊸－㊹）	㊺	2075000

●青色申告特別控除については、「決算の手引き」の「青色申告特別控除」の項を読んでください。

○申告には、必ず【控用】・【提出用】を使ってください。

［青色申告決算書（貸借対照表）の記載例］

整理番号 ☐☐☐☐☐　　控用

貸借対照表（資産負債調）　（令和 5 年 12 月 31 日現在）

資産の部

科目	1 月 1 日（期首）	12 月 31 日（期末）
現金	100,000	150,000
当座預金		
定期預金		
その他の預金	10,000,000	22,000,000
受取手形		
売掛金		
有価証券		
棚卸資産		
前払金		
貸付金		
建物		
建物附属設備		
機械装置		
車両運搬具		
工具器具備品	900,000	650,000
土地	4,800,000	3,800,000
事業主貸		9,400,000
合計	15,800,000	36,000,000

負債・資本の部

科目	1 月 1 日（期首）	12 月 31 日（期末）
支払手形		
買掛金		
借入金		
未払金	6,000,000	4,800,000
前受金		
預り金		
貸倒引当金		
事業主借		
元入金	9,800,000	9,800,000
青色申告特別控除前の所得金額		21,400,000
合計	15,800,000	36,000,000

（注）「元入金」は、「期首の資産の総額」から「期首の負債の総額」を差し引いて計算します。

●65万円又は55万円の青色申告特別控除を受ける人は必ず記入してください。それ以外の人のうちもうけから記入してください。

製造原価の計算

（原価計算を行っていない人は、記入する必要はありません。）

	科目		金額
原材料費	期首原材料棚卸高	①	円
	原材料仕入高	②	
	小計（①＋②）	③	
	期末原材料棚卸高	④	
	差引原材料費（③－④）	⑤	
	労務費	⑥	
	外注工賃	⑦	
	電力費	⑧	
その他の製造経費	水道光熱費	⑨	
	修繕費	⑩	
	減価償却費	⑪	
		⑫	
		⑬	
		⑭	
		⑮	
		⑯	
		⑰	
		⑱	
		⑲	
		⑳	
	雑費	㉑	
	計	㉒	
	総製造費（⑤＋⑥＋㉑）	㉓	
	期首半製品・仕掛品棚卸高	㉔	
	小計（㉓＋㉔）	㉕	
	期末半製品・仕掛品棚卸高	㉖	
	製品製造原価（㉕－㉖）		

（注）各欄の金額は、1ページの損益計算書の③欄に移記してください。

所得税確定申告書の記載例② 事業所得者の場合　261

【著者紹介】

延平 昌弥 (のぶひら・まさや)

税理士・米国公認会計士　1963年広島県生まれ。1988年北海道大学経済学部経済学科卒業。大手食品メーカー、都内大手会計事務所を経て、2001年に独立開業、中小オーナー企業から上場企業まで幅広い法人の会計・税務業務と事業承継、相続対策等のコンサルティング業務を専門とする。

〈主な著書〉『研究開発費の財務・税務戦略』〔共著〕（税務経理協会、2005年）、「法人税の重要計算と申告実務　資本金等の額、利益積立金額』『税経通信2007年11月臨時増刊号』（税務経理協会）、「Q&A 事例による法人税の申告調整実務；項目別事例検討 試験研究費』『税経通信2008年10月臨時増刊号』（税務経理協会）など

【執筆担当】第1章、Q1、Q12〜Q14、Q16、Q17、Q37、Q57〜Q59、Q68

山田 誠一朗 (やまだ・せいいちろう)

税理士　1972年横浜生まれ。1996年早稲田大学政治経済学部卒業。一般上場企業の経理・財務を経験し、2002年より会計事務所で勤務。2007年からは不動産SPCに特化した会計事務所に勤務しマネジャーを担当。2014年に独立開業。2017年に税理士法人アイ・タックスの代表社員に就任。法人の会計・税務を中心に中小企業の資金調達にかかるサポートを得意としている。

〈主な著書〉『第5版 SPC&匿名組合の法律・会計税務と評価 投資スキームの実際 例と実務上の問題点』〔共著〕（清文社、2013年）、『Q&A 東日本大震災と税務対応』〔共著〕（商事法務、2011年）、「仕事と勉強の両立を考える」『会計人コースVOL. 52／No. 5 』（中央経済社）など

【執筆担当】Q2〜Q6、Q8〜Q10、Q51、Q54、Q61

髙橋 健悟 (たかはし・けんご)

税理士　1973年東京生まれ。1997年明治学院大学経済学部卒業。東証一部上場の製薬会社で営業職に従事。2004年より税理士事務所で勤務。上場子会社、外資系子会社、その他業種、法人・個人を問わず、税目横断的なアドバイスを得意とする税理士事務所にてマネジャーを担当。2014年に髙橋健悟税理士事務所を開設し、中小企業の税務顧問、外資系企業のスタートアップ、相続セミナー講師などに従事している。

【執筆担当】Q7、Q11、Q27、Q28、Q36、Q38、Q46、Q47、Q52、Q53、Q64

藤原　琢也（ふじわら・たくや）

税理士　1975年東京生まれ。2002年東洋大学大学院法学研究科修了。同年3月より都内税理士事務所で勤務。創業時のベンチャー企業から上場会社の子会社まで、様々な規模や業種の法人業務に関与。その後、都内の税理士事務所へ転職し、税務だけでなく、法人の業務フロー構築や経営計画書の作成等といったコンサルティング業務を中心に幅広く担当。2009年2月、藤原琢也税理士事務所を開設、中小企業の税務顧問やセカンドオピニオンなどを中心に業務を行っている。

〈主な著書〉『研究開発費の財務・税務戦略』〔共著〕（税務経理協会、2005年）

【執筆担当】Q15、Q18〜Q22、Q24〜Q26、Q44、Q55、Q60、Q69、Q70、参考資料（記載例①）

田村　光裕（たむら・みつひろ）

税理士　1977年生まれ、東京都大田区出身。2000年武蔵大学人文学部社会学科（現・社会学部）卒業。損害保険会社や国内ISPに勤務後、税理士を志し、大田区内公認会計士事務所へ就職。2010年税理士試験合格。2012年税理士登録を経て、大田区にて税理士事務所を開業。2013年東京税理士会雪谷支部事務局長就任。2019年東京税理士協同組合理事就任。

【執筆担当】Q23、Q29〜Q35、Q43、Q56、Q62、参考資料（記載例②）

山中　朋文（やまなか・ともふみ）

税理士　1978年東京生まれ。2002年国士舘大学大学院政治学研究科修了。同年税理士試験に合格。公認会計士事務所に入所し、製造業・建設業のほか遊技業・音楽マネージメント業など多岐にわたる業種の税理士業務に従事。不動産譲渡・相続税などの資産税案件も数多く担当。2013年4月、「企業や事業主のホームドクター」を目指して山中朋文税理士事務所を開設。2022年6月税理士法人bestaxを設立。現在、法人の決算黒字化、資産家の相続対策、セミナー講師などを中心に業務を行っている。

〈主な著書〉「誤りやすい消費税の経理処理事例」『税経通信2008年2月号』（税務経理協会）、『相続は準備が9割』〔共著〕（あさ出版、2016年）

【執筆担当】Q39〜Q42、Q45、Q48〜Q50、Q63、Q65〜Q67

事例で学ぶ
暗号資産・NFT・メタバースの会計税務Q＆A70選

2024年2月5日　発行

著　者　延平　昌弥／山田　誠一朗／髙橋　健悟／
　　　　藤原　琢也／田村　光裕／山中　朋文　　©

発行者　小泉　定裕

発行所　株式会社　清文社
　　　　東京都文京区小石川1丁目3-25（小石川大国ビル）
　　　　〒112-0002　電話03（4332）1375　FAX03（4332）1376
　　　　大阪市北区天神橋2丁目北2-6（大和南森町ビル）
　　　　〒530-0041　電話06（6135）4050　FAX06（6135）4059
　　　　URL https://www.skattsei.co.jp/

印刷：㈱精興社

■著作権法により無断複写複製は禁止されています。落丁本・乱丁本はお取り替えします。
■本書の内容に関するお問い合わせは編集部までFAX（03-4332-1378）又はメール（edit-e@skattsei.co.jp）
　でお願いします。
■本書の追録情報等は、当社ホームページ（https://www.skattsei.co.jp/）をご覧ください。

ISBN978-4-433-73503-6